Das Vermieter-Set

Das Vermieter-Set

Mietverträge
Nebenkostenabrechnung
Übergabeprotokoll
Kündigung

Stiftung Warentest

Alexander Bredereck
Markus Willkomm

Inhalt

Sie können die Formulare auch kostenlos online ausfüllen. Den Link und einen QR-Code finden Sie auf Seite 83.

Kurzratgeber

In diesem Kurzratgeber finden Sie Antworten auf die zehn häufigsten Fragen, vor denen Vermieter stehen. Außerdem geben wir Ihnen hier rechtliche Grundlagen mit auf den Weg, die Sie beachten sollten, wenn Sie unsere Formulare nutzen und wenn Sie Daten von (potenziellen) Mietern speichern.

Mindestens ebenso wichtig wie die rechtliche Absicherung ist, dass Sie ein gutes Verhältnis zu Ihrem Mieter aufbauen und fair miteinander umgehen. Die ausgefeiltesten Vertragsklauseln können Sie nicht davor schützen, dass Sie viel Zeit und Nerven investieren müssen, wenn es ständig Streit gibt.

Antworten auf die zehn häufigsten Fragen

Im Laufe eines Mietverhältnisses tauchen bestimmte Fragen immer wieder auf. Hier finden Sie kurze Antworten auf die zehn wichtigsten von ihnen.

Frage 1
Ist eine Hausordnung für den Mieter verpflichtend?

Wenn Sie Eigentümer eines Mehrfamilienhauses sind, hilft die Hausordnung dabei, Ruhezeiten, die Benutzung von Gemeinschaftsgärten und Ähnliches festzulegen. Eine Hausordnung ist nur verpflichtend, wenn sie im Mietvertrag vereinbart wird. Anders kann dies bei einer Eigentumswohnung sein. Was bei der Hausordnung zu beachten ist, erfahren Sie im Kapitel „Den Mietvertrag erstellen" ab S. 26. Einen Vordruck für eine Hausordnung als Anlage zum Mietvertrag finden Sie im Formularteil (Formular D, Übersicht auf S. 82/83).

Frage 2
Darf der Mieter untervermieten?

Gemäß § 540 BGB darf der Mieter die Wohnung nicht ohne die Erlaubnis des Vermieters untervermieten, es sei denn, es ist im Mietvertrag anders geregelt. Unter bestimmten Voraussetzungen kann der Mieter einen Anspruch darauf haben, Teile der Wohnung unterzuvermieten. Verweigert der Vermieter die Erlaubnis, darf der Mieter außerordentlich mit der gesetzlichen Kündigungsfrist kündigen.

Näheres dazu finden Sie im Abschnitt „Probleme mit dem Mieter lösen", S. 60. Ein Formular zur Genehmigung einer Untervermietung sowie eines zur Ablehnung einer Untervermietung finden Sie im Formularteil (Formulare K und L, Übersicht auf S. 82/83).

Frage 3
Darf der Mieter in der Wohnung Haustiere halten?

Kleintiere in geringer Anzahl dürfen Mieter immer dann halten, wenn von ihnen keine Gefahren für die Gesundheit der Bewohner oder die Substanz des Mietobjekts ausgehen können. Ansonsten kommt es auf die im Mietvertrag getroffene Vereinbarung an. Es ist nicht zulässig, Haustierhaltung komplett auszuschließen. Klauseln im Mietvertrag, die Katzen- und Hundehaltung pauschal verbieten, sind laut Bundesgerichtshof (BGH, Urteil vom 20.03.2013, Az. VIII ZR 168/12) unwirksam.

Im Formularteil finden Sie einen Vordruck für einen Mietvertrag, in dem die erlaubten Klauseln für Tierhaltung berücksichtigt sind. Unter welchen Umständen Sie Tierhaltung verbieten können, erläutern wir im Abschnitt „Probleme mit dem Mieter lösen" ab S. 60. Hält der Mieter trotz Verbots Tiere, können Sie ihn abmahnen. Ändert der Mieter sein Verhalten trotz Abmahnung nicht, können Sie ihm kündigen.

Frage 4
Darf der Mieter auf dem Balkon grillen?

Wenn im Mietvertrag keine anderweitigen Regelungen getroffen sind, ist das Grillen auf dem Balkon in einem üblichen Umfang (also nicht täglich) und ohne Belästigung der Nachbarn zulässig. Eine gesicherte Rechtsprechung, wie oft genau der Mieter in diesem Fall grillen darf, gibt es nicht. Es kommt hier sehr stark auf die örtlichen Gegebenheiten an: auf den Abstand zum Nachbarn, die Art des Grillens und die Belästigungen, die davon ausgehen. Befindet sich Ihre Wohnung in einer Wohnungseigentumsanlage, sollten Sie die Pflichten, die Sie als Wohnungseigentümer treffen, im Mietvertrag an den Mieter weitergeben. Anderenfalls müssen Sie damit rechnen, dass die anderen Wohnungseigentümer beziehungsweise deren Mieter Schadensersatzforderungen an Sie richten.

Wer auf Nummer sicher gehen will, sollte das Grillen auf dem Balkon komplett untersagen. Wir haben ein entsprechendes Verbot in unsere Anlage Hausordnung aufgenommen.

Frage 5
Darf der Mieter in der Wohnung rauchen?

Rauchen gehört so lange zum vertragsgemäßen Gebrauch des Mietobjekts, wie hiervon keine Störungen anderer Mieter ausgehen. Sobald der Mieter durch extremes Rauchen andere Mieter belästigt (zum Beispiel bei geöffnetem Fenster oder auf dem Balkon), kommt eine Abmahnung oder Kündigung in Betracht. Mietvertragliche Regelungen, die ein absolutes Rauchverbot im Mietobjekt vorsehen, sind jedoch in der Regel unwirksam.

Frage 6
Darf der Mieter ohne Zustimmung Ehegatten oder Kinder in das Mietobjekt aufnehmen?

Seinen Ehegatten oder eingetragenen Lebenspartner darf ein Mieter ohne Zustimmung des Vermieters in das Mietobjekt aufnehmen, denn ein Ehegatte gilt laut Rechtsprechung nicht als Dritter. Dasselbe gilt für Kinder und Stiefkinder.

Wenn ein Mieter nicht verheiratet ist und seinen Lebensgefährten in das gemietete Objekt aufnehmen möchte, bedarf es der Erlaubnis des Vermieters. Hierauf hat der Mieter jedoch im Regelfall einen Anspruch.

Egal ob Ehepartner, Kind oder Lebensgefährte: In jedem Fall muss der Mieter den Vermieter über die Personen, die einziehen sollen, und den Zeitpunkt des Einzugs informieren.

Frage 7
Darf der Vermieter dritten Personen Hausverbote erteilen?

Ist der Vermieter gleichzeitig der Eigentümer des Hauses, kann er Dritten dann den Zugang versagen beziehungsweise ihnen ein Hausverbot erteilen, wenn diese Dritten in der Vergangenheit mehrfach Gemeinschaftsräume beschädigt oder verunreinigt oder den Hausfrieden gestört haben.

Gegenüber sonstigen Personen kann er ein Hausverbot nur dann aussprechen, wenn keiner der Mieter dem Verbot widerspricht.

Einem Mieter darf der Vermieter kein Hausverbot erteilen. Mit der Übergabe des Mietobjekts geht das Hausrecht des Vermieters auf den Mieter über.

Frage 8
Kann der Mieter eine Nebenkostenabrechnung verlangen?

Wenn Sie im Mietvertrag Vorauszahlungen auf die Nebenkosten vereinbart haben, müssen Sie diese gemäß § 556 Abs. 3 S. 1 BGB jährlich abrechnen. Die Abrechnung muss dem Mieter spätestens mit Ablauf des zwölften Monats nach Ende des Abrechnungszeitraums zugegangen sein. Danach können Sie als Vermieter grundsätzlichen keine Nachforderungen mehr geltend machen.

Wenn Sie einen Mietvertrag abschließen, bei dem die Nebenkosten in der zu zahlenden Miete enthalten sind, kann der Mieter keine Abrechnung verlangen. Wie Sie die Nebenkosten abrechnen, erfahren Sie im Abschnitt „Die Nebenkostenabrechnung erstellen", S. 46. Formulare für die Nebenkostenabrechnung finden Sie im Formularteil ab S. 82.

Frage 9
Darf der Vermieter die Schlösser austauschen?

Vermieter, die sich ohne einen Räumungstitel Zugang zu einem Mietobjekt verschaffen, riskieren eine Strafanzeige wegen Hausfriedensbruchs und anderer Delikte. Wer den Mieter ohne einen Räumungstitel auf die Straße setzt, muss zudem damit rechnen, dass dieser umgehend mit einer einstweiligen Verfügung zurückkehrt. Das hätte dann entsprechende Kostenfolgen für den Vermieter.

Richtiges Vorgehen: eine Räumungsaufforderung unter Fristsetzung und anschließend eine Räumungsklage. Der Gerichtsvollzieher wird dann mit der Zwangsvollstreckung aus dem Räumungsurteil beauftragt.

Frage 10
Darf der Mieter die Kaution mit der Miete verrechnen?

Grundsätzlich nein. Die Kaution dient dem Vermieter dazu, mögliche Ansprüche gegen den Mieter zu sichern. Der Mieter darf daher nicht eigenmächtig die Kautionsrückzahlungsansprüche gegen die Miete aufrechnen. Sonst wäre der Sicherungszweck der Mietkaution ausgehebelt.

Wie Sie bei der Rückgabe der Wohnung am besten vorgehen und wie Sie die letzten Abrechnungen machen, erfahren Sie im Abschnitt „Wohnungsrückgabe", S. 76. Im Formularteil finden Sie Vordrucke für eine Kautionsabrechnung und für ein Wohnungsrückgabeprotokoll.

Wichtige Grundlagen

Wer sein Recht effektiv durchsetzen will, muss bestimmte Formvorschriften beachten. Die wichtigsten haben wir nachfolgend für Sie zusammengefasst.

Sie wollen eine Eigentumswohnung oder ein Einfamilienhaus vermieten und benötigen einen Mietvertrag? Sie sind Vermieter in einem laufenden Mietverhältnis und müssen eine Nebenkostenabrechnung erstellen? Sie wollen die Miete erhöhen? Sie haben Ärger mit Ihrem Mieter, wollen ihm kündigen?

Gerade als „kleiner" Vermieter sind Sie beim Bewältigen solcher Aufgaben auf Hilfe angewiesen. Sie können sich dafür einer Hausverwaltung bedienen oder eines Fachanwalts für Mietrecht. Vieles lässt sich aber auch mit professionell erstellten Formularen und entsprechenden Ausfüllhilfen erledigen, wie wir sie in diesem Buch bereitstellen. **Wichtig:** Wenn Sie unsicher sind, sollten Sie einen Profi zurate ziehen. 90 Prozent aller Nebenkostenabrechnungen sind fehlerhaft. Aber nur ein Bruchteil landet vor Gericht. Bei Kündigungen ist das anders. Zieht der Mieter nicht freiwillig aus, bleibt Ihnen nur die Räumungsklage. Hier muss bereits die Kündigung perfekt vorbereitet werden.

Das ideale Mietverhältnis kommt weitgehend ohne Formalitäten aus. Gerade am Anfang eines Vertragsverhältnisses ist der Mieter glücklich über die Wohnung, und der Vermieter ist froh, einen Mieter gefunden zu haben. Bedenken Sie aber, dass sich das Verhältnis trüben kann. Anders als bei einer Ehe können Sie dann nicht einfach die Scheidung einreichen. Unter Umständen sind Sie viele Jahre an den Mieter gebunden. Je besser Ihre vertraglichen Vereinbarungen, umso effektiver können Sie Ihre Rechte später durchsetzen. Ungeachtet dessen sollten Sie versuchen, mit dem Mieter ein harmonisches Mietverhältnis zu führen. Das spart Nerven, Zeit und Geld.

Formvorschriften

Ansprüche des Vermieters scheitern oft daran, dass Formalien nicht eingehalten wurden oder der Zugang von Schreiben nicht bewiesen werden kann. Besondere Formanforderungen sind bei Kündigungen, Nebenkostenabrechnungen, Mieterhöhungen und Modernisierungsankündigungen zu beachten. Sie müssen umfassend begründet und dem Mieter rechtssicher zugestellt werden.

Erklärungen können grundsätzlich in beliebiger Form abgegeben werden, wenn eine bestimmte Form nicht ausdrücklich vorgeschrieben ist. Neben schriftlichen Erklärungen können auch mündliche Vereinbarungen wirksam sein und sogar solche, die sich aus einem bestimmten Verhalten wie einer langjährigen Nutzung ergeben.

Auch ein mündlicher Mietvertrag ist wirksam. Allerdings gilt eine Befristung nur bei schriftlichen Verträgen. Wird die Schriftform nicht beachtet, gilt das Mietverhältnis als auf unbestimmte Zeit geschlossen und es gelten Kündigungsbedingungen von unbefristeten Verträgen. Auch die Kündigung des Mietverhältnisses muss immer schriftlich erfolgen, § 568 BGB.

In vielen Fällen sieht das Mietrecht die Einhaltung der Textform (Mail, Fax, Brief) vor. Schon aus Beweisgründen empfehlen wir, immer mindestens die Textform einzuhalten, da sich mündliche Erklärungen oft nicht beweisen lassen.

Den Zugang nachweisen

Um Beweisbarkeit geht es auch bei der Frage, ob eine Erklärung – mündlich oder schriftlich – dem Empfänger tatsächlich zugegangen ist. Dies ist in der Regel unproblematisch, wenn Erklärungen in Anwesenheit des Empfängers abgegeben werden, beispielsweise indem ein Vermieter seinem Mieter eine schriftliche Kündigung im Beisein eines Zeugen persönlich übergibt oder wenn der Mieter den Zugang der Erklärung schriftlich bestätigt.

Die meisten schriftlichen Erklärungen werden gegenüber einem Abwesenden abgegeben. Dann gelten sie nach Ansicht der Rechtsprechung als zugegangen, wenn sie so in den Machtbereich des Erklärungsempfängers gelangen, dass unter gewöhnlichen Umständen mit einer Kenntnisnahme zu rechnen ist. Das bedeutet: Es kommt nicht darauf an, ob der Empfänger die Erklärung wirklich zur Kenntnis nimmt, also etwa das Kündigungsschreiben liest. Es kommt nur darauf an, dass die Erklärung so bei ihm angekommen ist, dass damit gerechnet werden kann, dass er sie zur Kenntnis nimmt.

Bestreitet der Mieter den Zugang eines Schreibens, muss ihn der Vermieter beweisen. Bei einfachem Postversand wird Ihnen ein solcher Beweis kaum gelingen, da Sie keine Bestätigung erhalten, dass der Postbote den Brief ordnungsgemäß in den Briefkasten des Mieters eingeworfen hat.

Vermietern wird daher häufig geraten, wichtige schriftliche Erklärungen, wie zum Beispiel Kündigungen, als Einschreiben mit Rückschein oder als Einwurfeinschreiben zu versenden, um mit dem Rückschein beziehungsweise der Einwurfbestätigung des Postunternehmens den Zugangsnachweis erbringen zu können. Genau genommen ist jedoch auch diese Versandart nicht hundertprozentig beweisgeeignet, da aus dem Rückschein beziehungsweise der Einwurfbestätigung nicht hervorgeht, was für ein Schreiben sich in dem eingeworfenen Umschlag befand, und ein spitzfindiger Mieter einfach behaupten könnte, nur einen leeren Umschlag erhalten zu haben.

Zustellung durch Boten

Die sichere, kostengünstige und praktikable Methode, den Zugang einer schriftlichen Erklärung nachzuweisen, ist daher die Übermittlung durch einen Boten. Bote kann jede natürliche Person sein, also zum Beispiel der Verwalter oder der Hausmeister.

Entscheidend für diese Art des Nachweises sind folgende Schritte:

- → Der Bote muss die schriftliche Erklärung vollständig gelesen haben, und er muss bestätigen können,
- → dass die schriftliche Erklärung in den Briefumschlag hineingelegt wurde,
- → wann er den Umschlag in den Briefkasten des Mieters gelegt hat und
- → dass er exakt den Umschlag, in dem sich die Erklärung befand, in den Briefkasten des Mieters gelegt hat.

Der Bote sollte auf einer Kopie der Erklärung die genannten Punkte schriftlich mit vollem Namen und seiner Anschrift, sowie dem Zeitpunkt des Einwurfs in den Briefkasten des Mieters bestätigen und eigenhändig unterschreiben. Zusätzlich kann man den Einwurf per Foto/Video dokumentieren.

Boten können auch Familienangehörige sein. Da man den Boten später vor Gericht unter Umständen als Zeugen benötigt, empfiehlt es sich unbedingt, nur die Personen zu nehmen, die nicht im Mietvertrag als Parteien aufgeführt sind.

Zustellung durch einen Gerichtsvollzieher

Am sichersten ist die Zustellung durch einen Gerichtsvollzieher. Sie ist gesetzlich in §§ 191 ff. ZPO geregelt. Hierzu muss dem Gerichtsvollzieher ein Zustellungsauftrag unter Übergabe des Schriftstücks erteilt werden. Die förmliche Zustellung durch einen Gerichtsvollzieher ist mit Kosten verbunden. Sie sollte daher Erklärungen von hoher Wichtigkeit vorbehalten bleiben.

Vorsicht Datenschutz

Datenschutz ist ein Thema, das viele Vermieter unterschätzen. Gehen Sie mit personenbezogenen Daten von Mietern sehr sorgfältig um. Sonst können Ärger und Bußgelder drohen.

Wenn Vermieter die datenschutzrechtlichen Regelungen nicht befolgen, drohen empfindliche Bußgelder. Zuletzt musste die Deutsche Wohnen SE wegen rechtswidriger Speicherung von Mieterdaten ein Bußgeld von 14,5 Millionen Euro zahlen. Daher nachfolgend die wichtigsten Regelungen.

Welche Daten darf ich verlangen?

Sie dürfen nur personenbezogene Daten des Mieters erheben und verarbeiten, die für das Mietverhältnis relevant sind. Welche das sind, ändert sich mit dem Fortgang des Vertragsverhältnisses. Grundsätzlich gilt: Erheben und speichern Sie immer nur das, was Sie aktuell zwingend benötigen.

→ **Vor der Besichtigung:** In der Bewerbungsphase darf der Vermieter die allgemeinen Kontaktinformationen des potenziellen Mieters in Erfahrung bringen. Hierzu zählen Name, Anschrift, Telefonnummer oder E-Mail-Adresse und gegebenenfalls die Einsicht in einen Wohnberechtigungsschein.

→ **Nach der Besichtigung:** Signalisiert der Bewerber nach der Besichtigung noch Interesse, darf der Vermieter weitere Daten einholen, die ihm helfen, eine Auswahl zu treffen, wie zum Beispiel Bonitätsauskünfte, Beruf, gewünschte Haustierhaltung und die Anzahl der einziehenden Personen.

Im Rahmen einer Mieterselbstauskunft darf der Vermieter jedoch keine Daten über den höchstpersönlichen Lebensbereich des Mietinteressenten erheben. Hierzu zählen insbesondere Familienstand, Religionszugehörigkeit, Sexualität, politische Orientierung, ethnische Herkunft (Art. 9 Abs. 1 DSGVO). Mieter sind nicht verpflichtet, eine Selbstauskunft zu erteilen (mehr siehe „Eine Mieterselbstauskunft richtig einsetzen", S. 22).

→ **Zum Vertragsabschluss:** Sind Sie mit dem Mieter übereingekommen, dass ein Mietvertrag geschlossen werden soll, dürfen Sie die personenbezogenen Daten des Mieters verlangen, die für die Durchführung des Vertragsverhältnisses erforderlich sind. Hierzu zählen dann seine Kontoverbindung und etwaige Bürgschaftserklärungen.

Wann muss ich sie löschen?

Personenbezogene Daten müssen Sie unverzüglich löschen, sobald der Zweck entfällt, der der Erhebung der Daten zugrunde lag. Jeder Datensatz hat daher eine unterschiedliche „Speicherfrist":

→ **Bei Mietinteressenten/Bewerbern** müssen Sie die Daten löschen, sobald ein Bewerber deutlich macht, dass er nicht mehr an der Anmietung interessiert ist, spätestens aber dann, wenn das Objekt anderweitig vermietet wurde.

→ **Bei Mietern** muss differenziert werden. Daten, die nur für den Vertragsschluss wichtig waren (zum Beispiel Gehaltsabrechnungen), müssen Sie löschen, wenn der Vertrag unterschrieben ist. Nach Beendigung des Mietverhältnisses müssen Sie Daten, die dann nicht weiter relevant sind, löschen (zum Beispiel Telefonnummer, E-Mail-Adresse). Daten über gezahlte beziehungsweise nichtgezahlte Miete und Betriebskosten sowie Adressdaten hingegen sind gegebenenfalls noch relevant für Forderungen gegen den ehemaligen Mieter und können somit länger gespeichert werden.

→ **Daten auf Papier** müssen Sie ebenfalls vernichten. Hierunter fallen zum Beispiel schriftliche Verträge und Visitenkarten, aber auch handschriftliche Notizen, welche personenbezogene Daten enthalten.

Auskunftsrecht und Informationspflicht

Der Mieter hat ein Recht auf Auskunft. Sie sind verpflichtet, ihm auf Anfrage mitzuteilen, welche Daten Sie über ihn zu welchem Zweck gespeichert haben und an wen Sie diese gegebenenfalls weitergegeben haben.

Außerdem müssen Sie die (potenziellen) Mieter unaufgefordert zum Zeitpunkt der Datenerhebung über ebendiese informieren. Im Einzelnen heißt das, dass Sie ihnen die Rechtsgrundlage für die Datenverarbeitung (Art. 6 DSGVO) sowie deren Zweck und Dauer mitteilen müssen. Auch sind Sie verpflichtet, ihnen etwaige Dritte, an die die Daten weitergegeben werden, zu nennen.

Darüber hinaus muss der Vermieter den (potenziellen) Mieter informieren, dass er ein Recht auf Auskunft, Löschung, Berichtigung und Einschränkung der Verarbeitung hat und dass er gegen die Datenverarbeitung Widerspruch erheben und seine Einwilligung dazu widerrufen kann. Schließlich müssen Sie ihn über sein Beschwerderecht bei der entsprechenden Aufsichtsbehörde aufklären.

Formulierungsbeispiel

Sie haben unbeschadet eines anderweitigen verwaltungsrechtlichen oder gerichtlichen Rechtsbehelfs das Recht auf Beschwerde bei einer Aufsichtsbehörde, insbesondere in dem Mitgliedsstaat Ihres gewöhnlichen Aufenthaltsorts, Ihres Arbeitsplatzes oder des Orts des mutmaßlichen Verstoßes, wenn Sie der Ansicht sind, dass die Verarbeitung der Sie betreffenden personenbezogenen Daten gegen die Datenschutzgrundverordnung verstößt.

Ein Verzeichnis anlegen

Der Vermieter ist verpflichtet, ein Verarbeitungsverzeichnis über die erhobenen und verarbeiteten personenbezogenen Daten anzulegen (Art. 30 DSGVO). Hieraus muss hervorgehen, durch wen die Verarbeitung der Daten erfolgt (Name und Kontaktdaten), zu welchem Zweck sie erfolgt, welcher Kategorie die betroffenen Personen und Daten angehören (etwa Bewerber, Mieter), welche Art von Daten gespeichert werden (Kontaktdaten, Kontodaten, Zählerdaten etc.), an welche Dritten die Daten übermittelt werden (Hausverwaltung, Wohnungsämter, sonstige Dienstleister) und zu welchen Terminen die einzelnen Daten gelöscht werden sollen.

Datenverarbeitung durch Dritte

Sofern der Vermieter personenbezogene Daten der (potenziellen) Mieter durch Dritte verarbeiten lässt, hat er sicherzustellen, dass diese datenschutzkonform mit ihnen umgehen. Er muss mit den jeweiligen Dritten einen Vertrag über die Auftragsverarbeitung schließen, welcher den Umgang mit den personenbezogenen Daten und ihre Verarbeitung regelt. Der Vermieter hat ein Auskunftsrecht gegen den jeweiligen Dritten, um kontrollieren zu können, dass dieser die Regelungen zum Datenschutz einhält.

Bußgelder

Nach Art. 83 DSGVO können je nach Verstoß Bußgelder bis zu 20 Millionen Euro oder im Fall eines Unternehmens bis 4 Prozent seines gesamten weltweit erzielten Jahresumsatzes des vorangegangenen Geschäftsjahres verhängt werden, je nachdem, welcher der Beträge höher ist.

Einen Mieter suchen

Der Grundstein für ein gutes Mietverhältnis ist die Wahl des richtigen Mieters. Dabei ist seine Solvenz ein zentrales Kriterium. Der zahlungskräftigste Mieter hilft Ihnen jedoch nichts, wenn er ein Streithammel ist. Wichtig ist, dass zwischen Ihnen die Chemie stimmt.

Haben Sie auch die jeweilige Lebenssituation des Mieters im Blick. Wer an einem langfristigen Mietverhältnis interessiert ist, wird nicht unbedingt an ein junges Pärchen vermieten. Wer sich ungern langfristig binden will, vielleicht schon. Über die Wahl des richtigen Mieters lässt sich vieles besser steuern als über komplizierte vertragliche Regelungen.

Mietersuche und Wohnungsanzeige

Die Wahl des passenden Mieters kann viel Ärger ersparen. Am besten, Sie gehen dabei Schritt für Schritt vor.

Nehmen Sie sich Zeit für die Mietersuche. Sie ist eine wichtige Grundlage für ein harmonisches Mietverhältnis. Hier die Schritte, auf die es dabei ankommt:

Termin festlegen

Als Erstes sollten Sie überlegen, zu welchem Termin Sie Ihre Wohnung oder Ihr Haus neu vermieten können. Stellen Sie sicher, dass Ihr Wohneigentum zu Beginn eines neuen Mietverhältnisses wirklich frei und bezugsfertig ist. Immer wieder passiert es, dass ein Vormieter noch nicht ausgezogen ist oder Bauarbeiten noch nicht abgeschlossen sind. Wenn Sie einen Termin angeben, den Sie später nicht einhalten können, riskieren Sie Schadenersatzforderungen des Mieters. Können Sie noch nicht sicher absehen, wann beispielsweise Bauarbeiten abgeschlossen sind, sollten Sie am besten einen variablen Mietbeginn vereinbaren.

Makler oder nicht?

Bei der Mieterwahl sollten Sie vorzugsweise auf Ihren eigenen Instinkt vertrauen. Es lohnt, sich einen persönlichen Eindruck von den Interessenten zu verschaffen. Insbesondere, wenn die Nachfrage nach Wohnraum so groß ist, dass sich ohnehin genug Bewerber finden, empfiehlt es sich, einen Makler nur dann zu beauftragen, wenn man diesen schon sehr gut kennt oder entsprechende Empfehlungen bekommen hat.

Ein Makler hat den Vorteil, dass Sie viele Arbeiten, wie Beschreibungen und Fotos des Mietobjekts anfertigen oder Besichtigungstermine vereinbaren, nicht selbst machen müssen. Gleichzeitig entstehen hierdurch Kosten. Seit dem 1. Juni 2015 gilt das „Bestellerprinzip“ im Maklerrecht. Das bedeutet, dass derjenige, der den Makler beauftragt, die Vergütung zu zahlen hat. Der Vermieter darf die Kosten nicht mehr auf den Mieter abwälzen. Beauftragt der Vermieter den Makler, gibt es keine gesetzliche Regelung, wie viel der Makler für seine Leistung verlangen darf. Üblich sind etwa zwei Nettokaltmieten zuzüglich Mehrwertsteuer. Die Maklerkosten können Sie von der Steuer absetzen.

Wenn Sie einen Makler zwischenschalten möchten, sollten Sie in jedem Fall sicherstellen, dass dieser über zutreffende Informationen verfügt und dass die Vergütung klar geregelt ist.

Wohnungsanzeige wahrheitsgemäß gestalten

Als Nächstes sollten Sie sich um die Wohnungsanzeige kümmern. Am effektivsten funktioniert die Mietersuche über eine Anzeige auf den einschlägigen Internetseiten. Führen Sie in der Anzeige alle wesentlichen Informationen zur Wohnung auf. Bei vielen Vermietungsportalen im Internet werden diese Schritt für Schritt beim Eingeben abgefragt. Das vereinfacht diese Prozedur stark.

Beschreiben Sie die Wohnung wahrheitsgemäß, genau und sachlich, damit sich ein potenzieller Mieter eine gute Vorstellung davon machen kann. Dies gilt nicht nur für das Innere der Wohnung, sondern auch

CHECKLISTE

Die Anzeige gestalten

Einstieg gestalten

- [ ] Aussagekräftige und attraktive Überschrift mit den wichtigsten Details (zum Beispiel ruhig, hell, großzügig)
- [ ] Aussagekräftige Fotos

Dokumente anfügen

- [ ] Energieausweis mit dem folgenden Inhalt: Art, Kennwert, Baujahr, Befeuerungsart, Energieeffizienzklasse
- [ ] Grundriss

Angaben zum Mietobjekt machen

- [ ] Adresse und genaue Lage (Vorderhaus, Hinterhaus, Etage)
- [ ] Art des Objekts (zum Beispiel Wohnung, Haus, Reihenhaus)
- [ ] Zimmeranzahl und Art und Anzahl der übrigen Räume (zum Beispiel Küche, Bad, Flur, Balkon, Terrasse, Garten, Keller, Stellplatz)
- [ ] Quadratmeteranzahl des gesamten Mietobjekts
- [ ] Frühestes Einzugsdatum
- [ ] Dauer des Mietverhältnisses (unbefristet/befristet)
- [ ] Besonderheiten des Mietvertrags (zum Beispiel Staffelmietvertrag)
- [ ] Monatliche Kosten: Höhe der Kaltmiete und der Vorauszahlungen auf die Nebenkosten
- [ ] Höhe der Kaution
- [ ] Zustand des Mietobjekts (zum Beispiel: renovierungsbedürftig)
- [ ] Besonderheiten des Mietobjekts (zum Beispiel Einbauküche)
- [ ] Besondere Ausstattungsdetails (zum Beispiel Dielenboden, Altbau, Kamin, Gartenmitbenutzung)
- [ ] Beschreibung der Umgebung (zum Beispiel Verkehrsanbindung, Einkaufsmöglichkeiten, Schulen, Ärzte)

Wünsche an den Mieter nennen

- [ ] Auflistung aller Dokumente, die der potenzielle Mieter für die Bewerbung bereithalten sollte (zum Beispiel ausgefüllte Mieterselbstauskunft, Schufa-Auskunft, Einkommensnachweise, Kopie des Personalausweises, Mietschuldenfreiheitsbescheinigung)
- [ ] Besondere Regeln / Erwartungen an einen zukünftigen Mieter (zum Beispiel Nichtraucher)

hinsichtlich der Lage und anderer Eigenschaften. Sie sparen sich viel Zeit für unnötige Besichtigungstermine, wenn Sie die Angaben vollständig und wahrheitsgemäß machen. Wenn Sie das Mietverhältnis mit einem Schwindel beginnen, können Sie kaum erwarten, dass der Mieter ehrlich ist. Streit ist programmiert, zumal Mieter sich die Wohnung anfangs gerne schönreden. Achten Sie in diesem Zusammenhang auch auf die Reaktionen eines eventuell anwesenden Partners des Mieters. Ist dieser auch so begeistert?

Dokumente und Angaben bei der Wohnungsanzeige

Überprüfen Sie, ob Sie alle wichtigen Dokumente und Angaben, die in der Checkliste „Die Anzeige gestalten" auf S. 19 genannt sind, zur Verfügung haben. Es kann von großem Vorteil sein, besondere Ausstattungsdetails zu nennen und hervorzuheben, die die Anzeige attraktiver machen. Außerdem können Sie in der Anzeige eine kleine Beschreibung der Umgebung hinzufügen, in welcher Informationen zur Lage im Ort (Ortsrand, Ortskern, welcher Stadtteil), Geräuschkulisse, Verkehrsanbindung, Parkplatzsituation, Einkaufsmöglichkeiten, Schulen, Ärzte etc. enthalten sind.

Auch sollten Sie mögliche Erwartungen an einen zukünftigen Mieter nennen. Suchen Sie zum Beispiel eher ruhige Singles, junge Paare/Familien, eine WG aus jungen Menschen, die neues Leben ins Haus bringen, oder eher gesetzte Herrschaften mit Lebenserfahrung? Sind Haustiere erlaubt, wenn ja welche? Sind Raucher erwünscht?

Vergessen Sie nicht, eine aussagekräftige und attraktive Überschrift zu wählen, die die wichtigsten Details enthält, und fügen Sie der Anzeige ansprechende, aussagekräftige Fotos bei.

Die Wohnfläche korrekt angeben

Geben Sie die Wohnfläche unbedingt korrekt an. Häufig ist die tatsächliche Wohnfläche geringer als die zunächst geplante, die sich aus einer Baubeschreibung ergibt. Ist Ihre Wohnflächenangabe fehlerhaft, kann das später zu vielen Problemen führen. Näheres finden Sie im Ausfüllhinweis „Mietvertrag" unter dem Abschnitt „§ 1 Mietobjekt", S. 27.

Im Zweifel empfiehlt es sich, das Mietobjekt professionell ausmessen zu lassen.

Bei der Berechnung ist die Wohnflächenverordnung zu beachten. Nach § 4 der Wohnflächenverordnung (WoFIV) sind Flächen, die eine Dachschräge aufweisen, also die Fläche mit einer Raumhöhe von mindestens einem Meter und weniger als zwei Metern nur zur Hälfte anzurechnen, ebenso wie unbeheizte Wintergärten, Schwimmbäder und ähnliche vollständig geschlossene Räume. Balkone, Loggien, Dachgärten und Terrassen sind mit einem Viertel bis zur Hälfte anzurechnen.

In die Wohnfläche können Sie gemäß § 3 Abs. 2 WoFIV Tür- und Fensterbekleidungen, Leisten, Badewannen, Duschen, Einbaumöbel etc. einberechnen. Nicht miteinzuberechnen sind nach § 3 Abs. 2 WOFIV Schornsteine, Vormauern, Bekleidungen, Säulen und Pfeiler, wenn diese größer als 0,1 Quadratmeter und mindestens 1,5 Meter hoch sind.

Bilden Sie sich eine Meinung

Telefonate und Besichtigungstermine sind eine gute Möglichkeit, Näheres über potenzielle Mieter zu erfahren. Verwickeln Sie dabei die Interessenten in ein Gespräch. Hören Sie genau zu. Interessenten, die ungewöhnlich viele kritische Fragen stellen oder negativ über Dritte reden, werden vielleicht auch später weniger angenehme Mieter sein.

Erfragen Sie die Gründe für den gewünschten Umzug. Hören sie sich plausibel an? Achten Sie auch auf den Partner. Wenn ein Paar sich für die Wohnung interessiert, ist es oft so, dass einer von beiden die Wohnung unbedingt mieten möchte und dann die andere Person zu überzeugen versucht. Dies geschieht meistens erst nach dem Termin – oder auch nicht.

Den Mieter kennenlernen

Gerade, wenn Sie ein Haus oder eine Wohnung vermieten, die Ihnen am Herzen liegt, ist die Nervosität groß. Wird der Mieter pfleglich mit den Dingen, die Ihnen wichtig sind, wie beispielsweise dem Parkett, den Badezimmerarmaturen oder wertvollen Einbauten wie einer Einbauküche umgehen? Um hier sicherzugehen, bietet sich eine etwas ungewöhnliche Maßnahme an. Wenn Sie sich mit dem Mieter einig geworden sind, vereinbaren Sie einen Termin zur Unterzeichnung des Mietvertrags in der bisherigen Wohnung des Mieters. Dann sehen Sie, wie der Mieter wohnt. Vermutlich wird er auf eine ähnliche Weise auch in Ihrem Objekt wohnen. Falls Sie dann merken, dass dies doch so gar nicht Ihren Erwartungen entspricht, unterzeichnen Sie den Mietvertrag nicht. Wenn der Mieter fragt, warum Sie zu dieser ungewöhnlichen Maßnahme greifen, seien Sie ehrlich.

Dieser Rat gilt allerdings nur für Kleinvermieter, die nur wenige Wohnungen verwalten. Professionelle Vermieter von vielen Wohneinheiten sollten den Mietvertrag nicht in der Wohnung des Mieters abschließen, weil dem Mieter sonst ein Widerrufsrecht zusteht, über das sie ihn belehren müssten.

Eine Mieterselbstauskunft richtig einsetzen

Neben dem persönlichen Eindruck sind auch sachliche Informationen wichtig. Was nützt Ihnen der freundlichste Mieter, wenn er sich langfristig die Miete nicht leisten kann?

Mit der Mieterselbstauskunft holen Sie Informationen über die potenziellen Mieter ein. Sie möchten als Vermieter so genau wie möglich wissen, wem Sie Ihr Mietobjekt überlassen. Gerade ältere Mieter sind aber häufig nicht dazu bereit, über das Notwendige hinausgehende Informationen preiszugeben. Wenn Sie zu viel abfragen, riskieren Sie, den Mieter auszuwählen, der am besten gelogen hat. Deshalb kann keine Mieterselbstauskunft den persönlichen Eindruck ersetzen. Einen rechtlich durchsetzbaren Anspruch auf Auskunft gegen die Bewerber haben Sie ohnehin nicht.

AUSFÜLLHINWEIS

→ S. 85

Formulare A1 und A2 Mieterselbstauskunft

Wir haben für die Mieterselbstauskunft zwei Formulare vorbereitet: Eine kürzere Version und eine ausführlichere. Beide Varianten finden Sie im Formularteil. In den meisten Fällen wird die abgespeckte Version reichen. Die Fragen in der ausführlichen Version gehen sehr weit. Sie müssen selbst entscheiden, ob Sie dem künftigen Mieter so nahe treten wollen, oder ob Sie nicht lieber die abgespeckte Version nutzen. Bedenken Sie: Den persönlichen Eindruck kann eine Mieterselbstauskunft ohnehin nicht ersetzen.

Die Formulare gibt es auch online zum Ausdrucken. Am besten nehmen Sie sie in Papierform zum Besichtigungstermin mit.

Welche Auskünfte darf man fordern?

Grundsätzlich dürfen Sie alle Informationen fordern, die für das spätere Mietverhältnis relevant sein könnten. Dies dürfen Sie aber erst bei oder nach einem Besichtigungstermin. Sie dürfen dabei nicht die grundsätzlichen Rechte des potenziellen Mieters verletzen. Fragen dürfen Sie in der Regel nach der Größe des Haushalts, dem Einkommen, dem Arbeitsverhältnis etc. oder ob der Mieter raucht, Haustiere hält etc. Nicht fragen dürfen Sie hingegen zum Beispiel nach den einzelnen Einkünften der Mietinteressenten, nach der Familienplanung, der Zugehörigkeit zu einer Partei, Religion oder Ethnie oder nach einer Vorstrafe.

Wenn über das Vermögen des Mieters das Insolvenzverfahren eröffnet wurde oder er kein ausreichendes Einkommen hat, um die Miete bezahlen zu können, muss der Mieter Sie darüber informieren, auch wenn Sie ihn danach nicht ausdrücklich gefragt haben.

Welche Folgen hat eine wahrheitswidrige Auskunft?

Ist Ihre Frage zulässig und wurde falsch beantwortet, haben Sie unter Umständen ein Recht, den Mietvertrag anzufechten oder fristlos zu kündigen. Allerdings auch das nicht automatisch. In einem solchen Fall empfiehlt es sich unbedingt, vorher rechtlichen Rat einzuholen. Wenn Sie die betreffende Frage gar nicht hätten stellen dürfen, zum Beispiel welche Partei der Mieter wählt oder welcher Religion er angehört, haben Sie bei einer Lüge kein Recht zur Anfechtung oder Kündigung. Auch nicht jede falsche Beantwortung einer berechtigten Frage führt zu einem Anfechtungs- oder Kündigungsrecht. Die Frage muss für den Vertragsabschluss erheblich sein. Wer zum Beispiel versehentlich oder vorsätzlich seine frühere Anschrift falsch angibt, hat als Mieter nichts zu befürchten, wenn der Vermieter ohnehin keine Erkundigungen beim früheren Vermieter eingeholt hat.

Schufa – was ist dabei zu beachten?

Die Schufa ist eine Wirtschaftsauskunft, die Bonitätsdaten von Millionen von Bürgern speichert. Für Sie als Vermieter kann dies sehr nützlich sein, denn meist ist ein potenzieller Mieter dort gespeichert. Außerdem führt die Schufa einen Wahrscheinlichkeitswert, einen „Score" zwischen 0 und 100. Bei einem Score von 100 handelt es sich um einen „perfekten" Schuldner, also jemanden, der mit absoluter Sicherheit einen Kredit bedienen würde. Unter 90 Prozent kann der Mieter schon als risikoreich gesehen werden. Somit lässt sich für Vermieter hier ein guter finanzieller Richtwert über einen potenziellen Mieter auslesen.

Der Vermieter kann die Schufa-Auskunft nur mit ausdrücklichem Einverständnis des Mietinteressenten einholen. Einfacher ist es, eine Schufa-Auskunft vom Mietinteressenten selbst zu verlangen. Es gibt aktuell zwei Varianten der Schufa-Auskunft: eine sogenannte Datenkopie (nach Art. 15 DSGVO) die kostenlos erhältlich ist (unter https://www.meineschufa.de, „Produkte"), und eine Schufa-Bonitätsauskunft, die nur kostenpflichtig zur Verfügung steht. Diese kostenpflichtige Variante preist die Schufa auf ihrer Webseite insbesondere für Vermieter und Mieter an. Da manche Mieter das Einholen einer Schufa-Auskunft scheuen, empfehlen wir allenfalls die kostenlose Variante.

Praxistipp: Wesentlich effektiver, als eine Schufa-Auskunft zu verlangen, ist es, sich vom Mieter die Kontoauszüge mit den (hoffentlich regelmäßigen und gleichmäßig hohen) Mietzahlungen an den früheren Vermieter zeigen zu lassen.

Vorsicht Bürgschaft

Vielleicht bittet der Mieter Sie, eine Bürgschaft als Mietsicherheit zu akzeptieren. Hier ist Vorsicht geboten: Eine Bürgschaft bietet geringere Sicherheit als eine Barkaution. Sie sichert grundsätzlich nur Ansprüche aus dem ursprünglichen Mietvertrag, nicht aus nachträglichen Änderungen. Außerdem verjähren Bürgschaftsforderungen selbstständig innerhalb von drei Jahren nach Fälligkeit, auch wenn die Hauptforderung zum Beispiel aufgrund von Absprachen mit dem Mieter noch nicht verjährt ist.

Wir raten von Bürgschaften ab und empfehlen die Barkaution („§ 5 Mietsicherheit", S. 30). Vereinbaren Sie auch nicht zusätzlich zu einer Kaution eine Bürgschaft. Sie laufen sonst Gefahr, dass der Mieter die Mietsicherheiten insgesamt zurückfordern kann.

Wollen beispielsweise Eltern für ihre Kinder bürgen, empfehlen wir, auch die Eltern den Mietvertrag unterschreiben zu lassen und sie als Mieter im Kopf des Mietvertrags aufzuführen. Dann haften sie neben den Kindern als Mietvertragspartei für alle Ansprüche aus dem Mietverhältnis.

Mietvertrag abschließen

Der Mietvertrag ist die rechtliche Grundlage des möglicherweise Jahrzehnte dauernden Mietverhältnisses. Sein Inhalt lässt sich später nicht mehr einseitig ändern. Bei der Wahl der Formulierungen sind Vorsicht und Vorausschau geboten.

Auch wenn der Mieter noch so freundlich erscheint, Menschen ändern sich, Verhältnisse ebenso. Dann kann ein sorgfältig und vorausschauend formulierter Vertrag Ihre Rettung sein.

Den Mietvertrag erstellen

Wenn Sie den passenden Mieter gefunden haben, kommt es darauf an, den Mietvertrag richtig abzuschließen. Wir haben dazu ein Formular vorbereitet, in dem alle wesentlichen Punkte erfasst sind.

Unser Mietvertragsformular erleichtert Ihnen den Abschluss des Mietvertrags. Es ist so konzipiert, dass es für möglichst viele Situationen zutrifft. Sie können es verwenden, wenn Sie eine Eigentumswohnung vermieten möchten, aber auch als Vermieter eines Einfamilienhauses, einer Doppelhaushälfte oder eines Mehrfamilienhauses. Achten Sie daher bitte immer darauf, das für Sie Passende anzukreuzen. Was für Ihr Mietverhältnis nicht zutrifft, sollten Sie streichen.

An verschiedenen Stellen können Sie zudem wählen, welche Regelung Sie bevorzugen. So können Sie zum Beispiel wählen, ob die Miete sich gemäß einer vereinbarten Staffel oder entsprechend dem Verbraucherpreisindex (Indexmiete) erhöhen soll oder ob Sie sich eine normale Mieterhöhung entsprechend der Entwicklung der ortsüblichen Vergleichsmiete vorbehalten wollen. In den Ausfüllhinweisen zum Formular haben wir die Punkte, auf die es aus unserer Sicht ankommt, zusammengefasst. Wir weisen Sie auf solche Wahlmöglichkeiten ausdrücklich hin und erläutern die Unterschiede. Achten Sie bitte auch an solchen Stellen darauf, das für Sie Zutreffende anzukreuzen und das Nichtzutreffende zu streichen.

Vorsicht mit zusätzlichen Vereinbarungen

Beim Erstellen des Vertrags sollten Sie vorsichtig mit zusätzlichen Vereinbarungen oder Abänderungen sein. Unser Beispiel ist so formuliert, dass es Ihnen auf der Basis der derzeitigen Rechtsprechung die maximal möglichen Rechte sichert. Wenn Sie im Vertragsformular Regelungen ohne rechtlichen Rat zu Ihrem scheinbaren Vorteil ändern, müssen Sie mit einer Unwirksamkeit der gesamten Regelung rechnen. Vereinbaren Sie zum Beispiel mit Ihrem Mieter, dass er zusätzlich zu den laufenden Schönheitsreparaturen bei der Beendigung des Mietverhältnisses die Wohnung in renoviertem Zustand zurückgeben muss, führt dies zur Unwirksamkeit der gesamten Regelung über die Schönheitsreparaturen.

Änderungen festhalten

Sollten Mieter auf der Änderung einzelner Klauseln bestehen und sich diese Änderungen nicht vermeiden lassen, sollten Sie sorgfältig dokumentieren, dass die Änderung auf Veranlassung der Mieter erfolgt ist. Heben Sie also bitte unbedingt den ursprünglichen Vertragsentwurf und den Schriftwechsel dazu auf.

Alle sonstigen Absprachen, die Sie mit dem Mieter getroffen haben, sollten im Mietvertrag festgehalten werden. Dies betrifft insbesondere Fragen zu Ein- und Umbauten durch den Mieter sowie Mängel der Mietsache, die der Mieter akzeptiert. Waren beispielsweise mögliche Beeinträchtigungen Gegenstand der Verhandlungen (wie etwa ein Bauvorhaben in der näheren Umgebung), sollte dies im schriftlichen Mietvertrag ebenfalls festgehalten werden.

Reicht der Platz im Formular nicht aus, sollten Sie eine zusätzliche Anlage erstellen und sie wie die anderen Anlagen, die wir im

Formular vorgesehen haben, fest mit dem Vertrag verbinden (siehe „Anlagen zum Mietvertrag“, S. 40).

Den Vertrag kopieren

Wir bieten Ihnen im Formularteil zwei Ausfertigungen des Mietvertragsformulars für den Fall, dass Sie sich verschreiben oder zwei Wohnungen vermieten.

Zusätzlich finden Sie das Formular unter test.de/formulare-vermieter auch online zum Ausfüllen. Die Online-Version hat unter anderem den Vorteil, dass Rechenfunktionen eingebaut sind.

Wir empfehlen, das Formular pro Mietverhältnis nur einmal auszufüllen und nicht eine Ausfertigung für den Mieter und eine für den Vermieter zu erstellen.

Streichen Sie am besten beim Ausfüllen des Vertragsformulars gleich alles, was nicht für Ihr Mietverhältnis zutrifft, damit es übersichtlicher wird. Dann gehen Sie das Formular mit Ihrem Mieter durch und kopieren die endgültige Fassung. So kommt es nicht zu Übertragungsfehlern. Achten Sie darauf, dass sämtliche Mieter und Vermieter das Original und die Kopie unterzeichnen.

Stellplatz oder Garage vermieten

Falls Sie einen Stellplatz oder eine Garage mitvermieten möchten, empfehlen wir, einen gesonderten Mietvertrag über den Stellplatz beziehungsweise die Garage abzuschließen. Sie finden ein speziell dafür entworfenes Formular G „Mietvertrag über Stellplatz/Garage“ im Serviceteil (siehe Übersicht auf S. 82/83).

AUSFÜLLHINWEIS

→ S. 91

Formular B Mietvertrag

Trennen Sie das Formular am besten heraus und legen Sie es neben diese Ausfüllhinweise, wenn Sie den Mietvertrag erstellen.

Kopf des Mietvertragsformulars: Mietvertragsparteien

Achten Sie darauf, dass als Vermieter nur Personen aufgeführt werden, die Eigentümer des Mietobjekts sind. Auf Mieterseite sollten alle Personen aufgeführt werden, die Mieter werden sollen, zum Beispiel bei Paaren beide Partner. Je mehr Mieter Sie haben, umso größer ist Ihre Sicherheit, Ihre Forderungen aus dem Mietverhältnis durchsetzen zu können.

§ 1 Mietobjekt

Wir haben im Mietvertrag festgehalten, dass das Objekt nur zu Wohnzwecken genutzt werden darf. Wenn der Mieter eine teilgewerbliche Nutzung anstrebt, sollte dies entweder schon bei Vertragsbeginn vereinbart werden oder zumindest von Ihrer Zustimmung abhängig sein. Treffen Sie dazu Absprachen, sollten Sie diese in einer Anlage zum Mietvertrag festhalten.

Das Mietobjekt beschreiben. Der Mietgegenstand sollte genau beschrieben werden. Kreuzen Sie das Zutreffende an, beziehungsweise geben Sie an, wie viele Zimmer, Bäder etc. das Objekt umfasst. Kreuzen Sie insbesondere auch an, ob und wenn ja welcher Keller dem Mieter überlassen wird und welche Gemeinschaftseinrichtungen, Mietergärten und Bodenräume er nutzen oder mitnutzen kann.

Die Wohnfläche angeben. Tragen Sie die Wohnfläche ein. Sie spielt nicht nur bei Abschluss des Mietvertrags, sondern auch bei Mieterhöhungen und den Betriebs- und Heizkostenabrechnungen eine Rolle. Ist die Wohnfläche verbindlich vereinbart, stellt es einen Mangel dar, wenn die tatsächliche Wohnfläche um mehr als 10 Prozent unter der im Mietvertrag angegebenen Wohnfläche liegt. Der Mieter kann dann die Miete entsprechend mindern (BGH, Urteil vom 10.3.2010, Az. VIII ZR 144/09). Das gilt auch, wenn die Wohnfläche nur mit „ca. … m^2" angegeben wurde (BGH, Urteil vom 10.11.2010, Az. VIII ZR 306/09). Da Sie Messfehler nie mit Sicherheit ausschließen können, ist im Formular festgehalten, dass die Angabe für die Wohnfläche als unverbindlich oder beschreibend anzusehen ist. Dadurch ist eine Minderung wegen einer zu geringen Wohnfläche ausgeschlossen (BGH, Urteil vom 18.11.2015, Az. VIII ZR 266/14).

§ 2 Mietdauer und Befristung

Mietdauer. Sie können mit Ihrem Mieter festlegen, dass beide Seiten auf das Recht zur Kündigung für einen gewissen Zeitraum verzichten wollen. Das ist allerdings in einem Standardmietvertrag nur für einen Zeitraum von bis zu vier Jahren zulässig. Ein einseitiger Verzicht des Mieters auf sein Kündigungsrecht ist nur in Staffelmietverträgen wirksam, und zwar maximal für die Dauer von vier Jahren.

Befristung. Eine Befristung des Mietverhältnisses ist nur unter strengen Voraussetzungen möglich. Wenn Sie den Mietvertrag wegen Eigenbedarfs befristen möchten, müssen Sie den Eigenbedarf in einer Anlage 5 detailliert schildern. Lesen Sie dazu unbedingt die ausführlichen Ausführungen im Kapitel „Befristeter Mietvertrag" auf S. 39, bevor Sie den Abschnitt im Formular ausfüllen.

Auch wenn Sie den Vertrag wegen Umbau- oder Modernisierungsmaßnahmen befristen möchten, müssen Sie die geplanten Maßnahmen in einer Anlage 5 detailliert darlegen (siehe „Befristeter Mietvertrag", S. 39).

Formvorschriften für die Kündigung. Wir haben in unserem Formular davon abgesehen, strengere Formvorschriften für die Kündigung als die nach dem Gesetz vorgesehene Schriftform zu regeln oder Anforderungen an die Übersendung einer Kündigung (zum Beispiel Einschreiben) vorzusehen. Daran sollten Sie nichts ändern, da sich der Vermieter auf vertragliche Vereinbarungen, die strengere Formvorschriften oder Anforderungen an die Übersendung einer Kündigung fordern, nicht berufen kann (BGH, Urteil vom 21.1.2014, Az. XII ZR 214/00).

§ 3 Miete und Nebenkosten

Miethöhe. Grundsätzlich können Sie die Höhe der Miete frei vereinbaren, soweit Sie nicht unter Ausnutzung einer Zwangslage des Mieters eine unangemessene Miete (20 Prozent oberhalb der ortsüblichen Vergleichsmiete) verlangen.

Mietpreisbremse. Allerdings sind in Gebieten mit gefährdeter Wohnraumversorgung die Vorschriften der Mietpreisbremse zu beachten.

Wenn Sie sich auf Ausnahmen zur Mietpreisbremse berufen wollen, müssen Sie dem Mieter beim Vertragsabschluss Auskunft über die Gründe dafür (höhere Miete des Vormieters, Modernisierungsmaßnahmen in den letzten drei Jahren, umfassende Sanierung oder Neuerrichtung) erteilt haben.

Dazu sollten Sie eine Anlage 6 zum Mietvertrag (Besondere Vereinbarungen) erstellen und in dieser detailliert zum Beispiel die vom Vormieter geschuldete Miete aufführen oder angeben, welche Modernisierungsmaßnahmen Sie durchgeführt haben und welche Kosten dafür umgelegt werden können.

Mehr zur Mietpreisbremse lesen Sie unter „Die Mietpreisbremse", S. 35.

Besonderheiten gelten im sozialen Wohnungsbau. Hier darf nur die sogenannte Kostenmiete gefordert werden. In Berlin sind zusätzlich die Vorschriften zum „Mietpreisdeckel" zu beachten, sofern diese nicht vom Bundesverfassungsgericht aufgehoben werden. Wir informieren Sie zum jeweils aktuellen Stand der Entwicklung online unter test.de/formulare-vermieter.

§ 3 Abs. 1a und b Staffel- oder Indexmiete
Unser Formular geht grundsätzlich von einem unbefristeten Standardmietvertrag für eine Wohnung in einem Mehrfamilienhaus aus.

Wenn Sie eine übliche Miete vereinbart haben, überwiegen bei einer Wohnung in einem Mehrfamilienhaus die Nachteile einer Staffel- oder Indexmietvereinbarung oft. Existiert allerdings in der Gemeinde, in der sich die Wohnung befindet, kein Mietspiegel oder gilt der Mietspiegel nicht, weil er zum Beispiel auf das vermietete Einfamilien- oder Reihenhaus keine Anwendung findet, ist eine Mieterhöhung später nur schwer und mit hohem Aufwand durchsetzbar. In diesem Fall kann eine Staffel- oder Indexmiete sinnvoll sein. Dabei gilt es einige Besonderheiten zu beachten, die im Abschnitt „Standard-, Staffel- oder Indexmietvertrag?" ab S. 37 näher erläutert sind.

Die Abweichungen gegenüber dem Standard sind dann im Formular jeweils anzukreuzen. Nicht Zutreffendes sollten Sie streichen.

§ 3 Abs. 2 Brutto- oder Nettokaltmiete/ Betriebskostenpauschale
Sie sollten sich darüber klar werden, ob Sie die Nebenkosten der Immobilie neben der Miete gesondert umlegen wollen, sodass Sie sie jeweils abrechnen müssen (Betriebskostenvorauszahlung), oder ob Sie eine Betriebskostenpauschale oder eine Miete vereinbaren, in der alle Nebenkosten bereits enthalten sind. Bei einer Betriebskostenpauschale sind Sie nicht zu einer Abrechnung der Betriebskosten verpflichtet. Was beim Thema Betriebs- und Heizkosten zu beachten ist, können Sie im Abschnitt „Miete und Nebenkosten" ab S. 34 näher nachlesen.

In § 3 Abs. 2 können Sie zwischen Betriebskostenvorauszahlung und Betriebskostenpauschale wählen. Kreuzen Sie bitte das für Sie Passende an.

§ 3 Abs. 4 Der nicht verbrauchsabhängige Teil der Heizkosten kann nach dem Verhältnis der Fläche der Wohneinheit zur Gesamtfläche der Wirtschaftseinheit oder nach dem Verhältnis der beheizten Fläche der Wohneinheit zur beheizten Gesamtfläche abgerechnet werden. Kreuzen Sie in § 3 Abs. 4 das für Sie Zutreffende an und tragen Sie die jeweiligen Flächen ein. Für die Umlage nach der beheizten Fläche sollten Sie sich nur entscheiden, wenn innerhalb Ihrer Wohnungseigentümergemeinschaft (WEG) nach der beheizten Fläche abgerechnet wird.

Wir haben vorgesehen, dass die Heizkosten zu 70 Prozent nach dem erfassten Verbrauch umgelegt werden, weil dies in der Praxis der häufigste Maßstab ist. Sollte in Ihrer WEG eine andere Verteilung vorgesehen sein, müssten Sie dies in § 3 Abs. 4 ändern.

§ 3 Abs. 5 Wenn Sie sich für Betriebskostenvorauszahlungen entscheiden, sollten Sie eindeutige Regelungen zum Umlagemaßstab vereinbaren. Sofern Sie nichts anderes regeln, gilt für die Umlage der Nebenkosten grundsätzlich das Verhältnis der Fläche der vermieteten Wohnung zur Gesamtfläche der Wirtschaftseinheit. Sie sollten deshalb die Fläche der Wohnung und die Gesamtfläche der Wirtschaftseinheit beziehungsweise der Wohnungseigentumseinheit eintragen, wenn nach den Flächenverhältnissen abgerechnet werden soll, um Streit über die Flächenverhältnisse zu vermeiden.

Bei Eigentumswohnungen ist eine Umlage nach den Flächenverhältnissen aber oft nicht sinnvoll, weil die Nebenkosten innerhalb der

Wohnungseigentümergemeinschaft meist nach dem Verhältnis der Miteigentumsanteile abgerechnet werden soll. Wir haben daher für Eigentumswohnungen eine spezielle Regelung vorgesehen. Kreuzen Sie bitte das für Sie Zutreffende an.

Die Kosten für die Wasserlieferung und die Entwässerung sollten Sie nach dem erfassten Verbrauch abrechnen, wenn entsprechende Wasserzähler vorhanden sind, andernfalls ebenfalls nach dem Verhältnis der Wohnfläche. Kreuzen Sie auch hier das Passende an.

§ 5 Mietsicherheit

Sie sollten eine Mietsicherheit vereinbaren, um zumindest eine gewisse Sicherheit zu haben, falls der Mieter seine Zahlungen einstellt. Gibt es keine vertragliche Vereinbarung, schuldet der Mieter keine Kaution. Die Kaution darf nicht mehr als drei Nettokaltmieten betragen. Der Mieter darf die Kaution in dreimonatlichen Raten zahlen, wobei die erste Rate spätestens zu Beginn des Mietverhältnisses fällig wird.

Wir empfehlen, dass Sie sich den Kautionsbetrag auf Ihr Konto überweisen lassen. Man spricht von einer „Barkaution". Als Vermieter müssen Sie die Kaution getrennt von Ihrem Vermögen auf einem gesonderten Konto zu einem Zinssatz anlegen, der dem Zinssatz für Spareinlagen mit gesetzlicher Kündigungsfrist entspricht.

Eine Bürgschaft ist kein gleichwertiger Ersatz für eine Kaution (siehe dazu „Vorsicht Bürgschaft", S. 23).

§ 7 Zustand der Mieträume, Haftung des Vermieters

§ 7 Abs. 1 Nur wenn Sie das Mietobjekt in renoviertem Zustand übergeben oder dem Mieter einen angemessenen Ausgleich gewähren, können Sie wirksam vereinbaren, dass der Mieter die Schönheitsreparaturen übernehmen muss. Aus diesem Grund ist es wichtig, im Mietvertrag festzuhalten, ob das Objekt dem Mieter renoviert oder unrenoviert übergeben wurde oder ob der Mieter einen angemessenen Ausgleich erhalten hat.

Sie können die dazu getroffenen Absprachen in den Freiraum in § 7 Abs. 1 des Formulars handschriftlich eintragen oder die Vereinbarungen in einer Anlage zum Mietvertrag festhalten, die Sie wie die anderen Anlagen im § 18 aufführen und mit dem Mietvertrag verbinden.

§ 7 Abs. 3 Umstände oder Mängel, die zu einer Mietminderung führen könnten und bei Vertragsabschluss bekannt sind, zum Beispiel geplante Bauvorhaben auf einem Nachbargrundstück, sollten Sie hier eintragen.

§ 7 Abs. 4 bis 6 Das Vertragsformular enthält eine Haftungsbegrenzung, insbesondere für die verschuldensunabhängige Haftung für Schäden aus anfänglichen Mängeln des Mietobjekts. Sonst würden Sie auch für Mängel des Objekts haften, die Ihnen bei Abschluss des Mietvertrags nicht bekannt waren.

§ 8 Schönheitsreparaturen

Wir haben im Mietvertragsformular eine möglichst einfache und nach dem bisherigen Stand der Rechtsprechung zulässige Regelung zu Schönheitsreparaturen vorgesehen, die Ihnen weitreichende Rechte bei Schönheitsreparaturen sichert. Hieran sollten Sie nichts ändern.

Was bei diesem Thema sonst zu beachten ist, lesen Sie im Abschnitt „Schönheitsreparaturen", S. 33.

§ 11 Nutzung der Mieträume und Untervermietung

§ 11 Abs. 1 Klären Sie vor Vertragsabschluss, ob der Mieter beabsichtigt, in den Räumen auch ein Gewerbe auszuüben.

Dabei sind die baurechtlichen Vorschriften und die Vorschriften über die Zweckentfremdung von Wohnraum im jeweiligen Bundesland zu beachten. In Gebieten, in denen die Zweckentfremdung von Wohnraum verboten ist, wie zum Beispiel in Berlin und Hamburg, muss sichergestellt sein, dass mindestens 50 Prozent der Wohnfläche zu Wohnzwecken genutzt werden. Erkundigen Sie sich im Zweifel bei der Stadt oder Gemeinde, welche Regelung in Ihrem Bundesland gilt.

§ 11 Abs. 2 bis 4 Diese Absätze regeln Ihre Rechte bei Untervermietung. Sofern von vornherein mehrere Personen in die Mieträume einziehen wollen, sollten diese Mietvertragspartner werden, sodass sichergestellt ist, dass alle einziehenden Personen unmittelbar für die Miete haften.

§ 12 Tierhaltung

Klären Sie am besten im Vorfeld, ob der Mieter beabsichtigt, Hunde oder Katzen zu halten, da aus der Tierhaltung häufig Konflikte im laufenden Mietverhältnis entstehen (siehe hierzu auch den Abschnitt „Haustiere", S. 62).

§ 13 Bauliche Änderungen durch den Mieter und vom Vormieter übernommene Einrichtungen

§ 13 Abs. 1 Wenn der Mieter bauliche Veränderungen vornehmen und die Räume seinen individuellen Bedürfnissen anpassen will, sollten Sie hierzu klare Absprachen treffen, wie bei Beendigung des Mietverhältnisses verfahren werden soll. Im Formular haben wir vorgesehen, dass der Mieter bauliche Veränderungen zurückbauen muss, weil Sie ihm dann keinen finanziellen Ausgleich zahlen müssen.

§ 13 Abs. 2 Legen Sie aber Wert darauf, dass die baulichen Veränderungen in den Räumen verbleiben, zum Beispiel weil der Mieter wertvolles Parkett verlegen will, müssen Sie dem Mieter einen angemessenen Ausgleich gewähren.

Zur Berechnung des Zeitwerts sollten dann entsprechende Vereinbarungen getroffen werden. Eine Regelung, dass der Mieter solche Umbauten entschädigungslos zurücklassen muss, wäre unwirksam.

§ 13 Abs. 3 Grundsätzlich mietet der Mieter das Objekt so an, wie er es vorfindet, sodass Umbauten des Vormieters, die dieser zurückgelassen hat (zum Beispiel Hängeböden, abgehängte Decken und Beleuchtung) als mitvermietet gelten und wenn nötig vom Vermieter instand zu setzen sind. Wenn der Mieter bauliche Veränderungen vom Vormieter übernehmen soll, muss dies deshalb ausdrücklich im Mietvertrag erwähnt werden. Der Mieter hat dann bei Beendigung des Mietverhältnisses das Recht und die Pflicht, diese Gegenstände und Einbauten zu entfernen.

Wenn Sie das nicht wollen, können Sie § 13 Abs. 3 streichen. In diesem Fall sind Sie aber auch für Mängel der Ein- und Umbauten des Vormieters sowie für deren Instandsetzung und Instandhaltung verantwortlich.

§ 16 Hausordnung

Falls Sie eine Eigentumswohnung vermieten, sollte die Hausordnung mit der Hausordnung der WEG übereinstimmen, und Sie sollten die in der WEG vereinbarte oder beschlossene Hausordnung als Anlage beifügen. Für alle anderen Fälle können Sie das Muster im Formularteil nutzen und es dem Vertrag als Anlage 2 beifügen.

§ 16a Gartennutzung und -pflege

Bei Eigentumswohnungen und Mehrfamilienhäusern. Wir empfehlen, bei Mehrfamilienhäusern und Eigentumswohnungen die Gartenpflege durch ein professionelles Unternehmen ausführen zu lassen. Sie können die entsprechenden Kosten auf die Mieter als Betriebskosten umlegen und vermeiden Ärger. In diesem Fall sollten Sie § 16a streichen.

Bei Häusern mit Grundstück. Anders ist es bei Grundstücken mit Einfamilienhäusern, Reihenhäusern, Doppelhaushälften etc. sowie bei zur alleinigen Nutzung vermieteten Gärten. Hier wird es oft der Wunsch des Mieters sein, den Garten nach seinen Vorstellungen zu gestalten und zu pflegen. In diesen Fällen sollten Sie eindeutige Regelungen zum Umfang der Gartenpflege vereinbaren, damit klar ist, welche Arbeiten vom Mieter auszuführen sind. Dann sollten Sie bei § 16a auflisten, welche Arbeiten der Mieter übernimmt. Näheres zur Gartenpflege und eine Checkliste für mögliche Gartenarbeiten finden Sie im Abschnitt „Besonderheiten", S. 42.

§ 16b Winterdienst, Straßenreinigung und Verkehrssicherungspflicht

Da Sie auch die Kosten für Winterdienst und Straßenreinigung als Betriebskosten auf die Mieter umlegen können, halten wir es für zweckmäßig, dafür ein professionelles Unternehmen zu beauftragen, das über ausreichenden Versicherungsschutz verfügt.

Nur bei Grundstücken mit Einfamilien-, Reihenhäusern oder Doppelhaushälften kann es sinnvoll sein, dass der Mieter Winterdienst und Straßenreinigung selbst übernimmt. Für diese Fälle ist § 16b des Mietvertrags gedacht. In allen anderen Fällen sollte § 16b gestrichen werden.

§ 17 Besondere Vereinbarungen

Nicht nur zu Beweiszwecken ist es wichtig, dass auch alle mündlichen Absprachen im Mietvertrag festgehalten wurden. Gibt es mündliche Nebenabsprachen, sind diese zwar wirksam, führen aber dazu, dass beispielsweise die Befristung des Mietverhältnisses oder der Ausschluss des Kündigungsrechts unwirksam wird.

Falls der Platz in § 17 nicht ausreicht, sollten Sie besondere Vereinbarungen als Anlage 6 zum Mietvertrag festhalten und von allen Vertragsparteien unterzeichnen lassen. Kreuzen Sie in diesem Fall unter § 18 Abs. 4 die Anlage 6 an. Bedenken Sie dabei bitte, dass durch nachträgliche Vereinbarungen, insbesondere zu Schönheitsreparaturen, ein ausgewogenes Regelwerk aus dem Gleichgewicht geraten kann und dies unter Umständen zur Unwirksamkeit von in unserem Formular vorbereiteten Regelungen führen kann.

§ 18 Sonstiges

Sämtliche Anlagen, die Bestandteil des Mietvertrags werden sollen, sollten Sie im Vertrag angeben, zum Beispiel indem Sie in unserem Formular ankreuzen, welche Anlagen Bestandteil des Mietvertrags sind. Wir empfehlen, dafür die Vordrucke im Formularteil zu verwenden, also die Anlage 1 „Aufstellung Betriebskosten" (C), Anlage 2 „Hausordnung" (D) sowie die Anlage 3 „Vereinbarung zum Lüften und Heizen" (E) (siehe Übersicht auf S. 82/83).

Wenn Sie Gartenflächen oder sonstige Gemeinschaftsflächen zur alleinigen Benutzung oder zur Mitbenutzung mitvermieten wollen, sollten die vermieteten Flächen in einem Plan als Anlage 4 dargestellt werden.

Falls Sie das Mietverhältnis befristen möchten, müssen Sie in einer Anlage 5 die Gründe der Befristung konkret vereinbaren.

Besondere Vereinbarungen zum Beispiel über Umbauten durch den Mieter oder die teilgewerbliche Nutzung sollten in einer Anlage 6 festgehalten werden.

Schließlich sollte das Übergabeprotokoll als Anlage 7 zum Mietvertrag hinzugefügt werden.

Bitte achten Sie darauf, dass alle Anlagen von allen Vertragspartnern unterzeichnet werden. Näheres zu den Anlagen finden Sie im Abschnitt „Anlagen zum Mietvertrag", S. 40.

Unterschriften

Achten Sie bitte darauf, dass wirklich sämtliche Mieter und Vermieter den Mietvertrag unterschrieben haben. Bevor nicht alle Mieter unterschrieben haben, sollten Sie den Mietern die Schlüssel zur Wohnung nicht aushändigen.

Schönheitsreparaturen

In der Praxis kommt es immer wieder zu Streit, ob Mieter oder Vermieter die Renovierung des Mietobjekts vornehmen müssen. Hier die Rechtslage.

Anders als viele denken, umfassen Schönheitsreparaturen nicht alle Renovierungsarbeiten, die in einer Wohnung nötig werden können, sondern nur

- das Tapezieren, Anstreichen oder Kalken der Wände und Decken,
- das Streichen der Fußböden und Heizkörper einschließlich der Heizrohre,
- das Streichen der Innentüren
- das Streichen der Fenster von innen sowie der Außentüren von innen.

Sofern zu Renovierungen während des Mietverhältnisses nichts im Mietvertrag geregelt ist, tragen Sie als Vermieter die laufenden Schönheitsreparaturen. Um dies zu ändern, bedarf es einer wirksamen vertraglichen Regelung. Viele Bestimmungen in Formularverträgen scheitern an den hohen Anforderungen der Rechtsprechung für die Wirksamkeit von Regelungen über die Schönheitsreparaturen. Diese Anforderungen gelten zwar nicht, wenn Sie die Vereinbarung zu den Schönheitsreparaturen individuell ausgehandelt haben. Praktisch wird Ihnen aber der Nachweis, dass Sie eine Regelung über Schönheitsreparaturen ausgehandelt haben, nur in Ausnahmefällen gelingen. Auch handschriftlich am Ende des Mietvertrags eingetragene Regelungen sind meist keine individuell ausgehandelten Bestimmungen.

Darauf kommt es an

In der Praxis kommt es daher für die Wirksamkeit der Regelungen über die Schönheitsreparaturen in Formularverträgen auf folgende Kriterien an:

Generell unzulässig sind Regelungen über Schönheitsreparaturen in Formularverträgen, wenn dem Mieter ein unrenoviertes oder renovierungsbedürftiges Objekt überlassen wurde, ohne dass er einen angemessenen Ausgleich bekommen hat. Als angemessener Ausgleich sind nur Leistungen des Vermieters zu berücksichtigen. Das kann eine Ausgleichszahlung an den Mieter für die Renovierung der Wohnung oder ein Erlass der Miete für einen angemessenen Zeitraum sein.

Wie hoch die Zahlung sein muss, lässt sich nicht abstrakt sagen. Faustregel: Sie muss den Mieter so stellen, als habe er eine renovierte Wohnung bekommen. Müssen zum Beispiel nur geringe Gebrauchsspuren des Vormieters beseitigt werden, kann es ausreichen, wenn Sie dem Mieter eine Monatsmiete erlassen.

Aus dem Mietvertrag sollte klar hervorgehen, welche Leistungen Sie dem Mieter dafür gewähren, dass er eine nicht renovierte Wohnung übernimmt.

Zahlungen oder sonstige Vergünstigungen, die der Vormieter dem einziehenden Mieter dafür geleistet hat, dass der einziehende Mieter selbst renoviert, sind nach der Rechtsprechung kein angemessener Ausgleich des Vermieters. Die Regelung über die Schönheitsreparaturen ist also bei einer unrenovierten Wohnung auch dann unwirksam, wenn sich der einziehende Mieter für den Vormieter verpflichtet hat, die Schönheitsreparaturen auszuführen und er hierfür Zahlungen vom Vormieter erhalten hat.

Unwirksame Regelungen

Auch wenn das Objekt renoviert überlassen wurde, sind Vereinbarungen unwirksam,

→ wenn der Mieter verpflichtet wird, unabhängig vom Zustand der Räume die Renovierungen zum Ende des Mietverhältnisses vorzunehmen oder innerhalb bestimmter fester Fristen zu renovieren.

→ wenn sie sogenannte Farbwahlklauseln enthalten, nach denen der Mieter während des laufenden Mietverhältnisses ausschließlich bestimmte Farben (zum Beispiel „Weißen der Decken") oder Materialien verwenden darf oder davon nur mit Zustimmung des Vermieters abweichen darf.

→ wenn der Mieter Renovierungsleistungen ausführen muss, die über die klassischen Schönheitsreparaturen hinausgehen wie Anstrich der Außenseiten der Fenster oder die Versiegelung des Parketts.

Wir haben in unserem Mietvertragsformular eine möglichst einfache und nach dem bisherigen Stand der Rechtsprechung zulässige Regelung zu Schönheitsreparaturen vorgesehen. Die Rechtsprechung ist hier aber in einem ständigen Wandel, und die genannten Kriterien geben nur den derzeit aktuellen Stand wieder.

Keine Quotenklauseln

Sogenannte Quotenklauseln, nach denen sich der Mieter an den Kosten der Schönheitsreparaturen anteilig nach Ablauf bestimmter Fristen zu beteiligen hat, sind nach der aktuellen Rechtsprechung unwirksam. Daher haben wir in unserem Formular von solchen Klauseln abgesehen.

Miete und Nebenkosten

Grundsätzlich ist die Miete frei vereinbar, allerdings ist die Mietpreisbremse zu beachten. Bei den Nebenkosten dürfen Sie nur die gesetzlich definierten Betriebskosten auf den Mieter umlegen.

Wenn die Wohnung nicht aufgrund einer öffentlichen Förderung preisgebunden ist, können Sie die Miethöhe grundsätzlich frei vereinbaren. Dabei sollten Sie allerdings bedenken, dass bei sehr hohen Mieten häufig Ärger mit dem Mieter programmiert ist.

Mieter, die sich vorschnell auf zu hohe Mieten einlassen, sind nicht immer an einem langfristigen Mietverhältnis interessiert, sondern mieten die Wohnung häufig nur, um eine Bleibe zu haben, bis sie ein Zuhause zu einem angemessenen Preis gefunden haben.

Nutzen Sie am besten die Immobilienportale im Internet und den örtlichen Mietspiegel, um eine Vorstellung davon zu bekommen, welche Miete für Ihre Wohnung oder Ihr Haus angemessen ist.

Die Mietpreisbremse

Beachten müssen Sie auch, dass in Gebieten, in denen die jeweilige Landesregierung durch Rechtsverordnung bestimmt hat, dass der Wohnungsmarkt angespannt ist, die Mietpreisbremse gilt. Dazu gehören fast alle großen Städte. Wenn Ihre Wohnung nach dem 1. Oktober 2014 neu gebaut oder umfassend saniert worden sind, gilt die Mietpreisbremse nicht.

Eine Übersicht, für welche Städte die Mietpreisbremse gilt, finden Sie unter www.test.de/eigenheim-miete.de auf unserer Homepage unter dem Stichwort „Mietpreisbremse". Erfragen Sie aber am besten zusätzlich die aktuelle Entwicklung zur Mietpreisbremse bei der jeweiligen Gemeinde.

Nach den Regelungen zur Mietpreisbremse darf die ortsübliche Vergleichsmiete (siehe dazu „Erhöhung auf die ortsübliche Vergleichsmiete", S. 55) nicht um mehr als 10 Prozent überschritten werden. Eine höhere Miete ist nur zulässig, wenn sie mit dem bisherigen Mieter bereits ein Jahr vor Beendigung von dessen Mietverhältnis vereinbart war.

Hat der Vermieter in den letzten drei Jahren vor Beginn des Mietverhältnisses Modernisierungen durchgeführt, kann die ortsübliche Vergleichsmiete zuzüglich einer möglichen Mieterhöhung wegen der Modernisierungsmaßnahmen in Höhe von 8 Prozent der aufgewandten Kosten jährlich erhöht werden (näheres siehe dazu unter „Mieterhöhung wegen Modernisierungsmaßnahmen", S. 58).

Auf diese Ausnahmen (höhere Miete des vorherigen Mieters, Modernisierungsmaßnahmen in den letzten drei Jahren, umfassende Sanierung oder Neuerrichtung nach dem 1. Oktober 2014) können Sie sich aber nur berufen, wenn Sie dem Mieter bei Vertragsschluss in Textform Auskunft über diese Ausnahmetatbestände erteilt haben.

Sie sollten daher in einer Anlage zum Mietvertrag festhalten, dass Sie eine Miete vereinbaren wollen, die höher ist als 110 Prozent der ortsüblichen Vergleichsmiete, und dass Sie sich auf einen der folgenden Ausnahmetatbestände berufen:

- der Vormieter hat schon länger als ein Jahr vor Beendigung seines Mietverhältnisses eine höhere Miete als 110 Prozent der ortsüblichen Vergleichsmiete gezahlt,
- die Wohnung wurde erst nach dem 1. Oktober 2014 erstmals genutzt und vermietet,
- es handelt sich um die erste Vermietung nach umfassender Modernisierung oder
- in den letzten drei Jahren vor Mietvertragsabschluss wurden Modernisierungsmaßnahmen in der Wohnung durchgeführt.

Wenn Sie den Mieter vor Vertragsschluss nicht darüber informiert haben, dass einer der Ausnahmetatbestände vorliegt, können Sie diese Auskunft zwar nachträglich in Textform erteilen. Es bleibt dann aber trotzdem für die Dauer von zwei Jahren nach der formgerechten Auskunftserteilung bei der Mietpreisbremse in Höhe von 110 Prozent der ortsüblichen Vergleichsmiete.

Die Ausnahmen finden also für die Dauer von zwei Jahren nach der Auskunftserteilung keine Berücksichtigung, wenn der Mieter nicht bereits vor seiner Unterschrift unter den Mietvertrag über sie informiert wurde.

Keine überzogenen Mieten

Auch in den Gebieten, in denen die Mietpreisbremse nicht gilt, darf eine Zwangslage des Mieters nicht dazu ausgenutzt werden, um eine überzogene Miete (die die ortsübliche Vergleichsmiete um mehr als 20 Prozent übersteigt) zu vereinbaren.

Die Nebenkosten umlegen

Da nach der Vorstellung des Gesetzgebers der Vermieter alle Lasten (insbesondere Nebenkosten einschließlich Betriebskosten) trägt und diese in der Miete enthalten sind, bedarf es einer klaren vertraglichen Regelung, wenn der Mieter neben der laufenden Miete die Betriebskosten zahlen soll. Fehlt es an einer solchen Regelung, muss Ihnen der Mieter nicht mehr als die vereinbarte Miete überweisen – die Betriebskosten tragen Sie. Man spricht dann von einer „Bruttowarmmiete".

Im Prinzip ist eine Bruttowarmmiete eine einfache Lösung, weil sie Ihnen die Abrechnung der Betriebskosten erspart. Sie hat aber den entscheidenden Nachteil, dass Sie steigende Betriebskosten nicht auf den Mieter umlegen können, sondern selbst tragen müssten.

Auch die Heiz- und Warmwasserkosten sind in einer Bruttowarmmiete enthalten. Allerdings ist die vertragliche Vereinbarung nachträglich den zwingenden Regelungen der Heizkostenverordnung anzupassen. Das bedeutet, dass Sie die bei Vertragsabschluss kalkulierten Heiz- und Warmwasserkosten in einen Heiz- und Warmwasserkostenvorschuss umrechnen müssen und diesen von der vereinbarten Bruttowarmmiete abziehen. Über die in der Bruttowarmmiete enthaltenen Heiz- und Warmwasserkostenvorschüsse müssten Sie jährlich abrechnen. Eine Ausnahme gilt nur, wenn es sich um ein Gebäude mit maximal zwei Wohnungen handelt, von denen Sie eine selbst bewohnen.

Nettokaltmiete plus Vorauszahlungen

Wegen der Nachteile einer Bruttowarmmiete ist es üblich, eine Nettokaltmiete zuzüglich Vorauszahlungen für Betriebs- und Heizkosten zu vereinbaren, über die dann jährlich abgerechnet werden muss. Dabei sollten Sie beachten, dass Sie bei Wohnräumen außer der Miete nur Betriebskosten umlegen können. Eine Vereinbarung über die Umlage von sonstigen Nebenkosten (zum Beispiel Ihre Kosten für die Hausverwaltung) ist nicht zulässig.

Umlagefähig sind gemäß § 556 Abs. 1 BGB alle Betriebskosten, die durch das Eigentum und den bestimmungsgemäßen Gebrauch des Gebäudes und des Grundstücks laufend entstehen. Instandhaltungs- und Instandsetzungskosten sowie die Kosten für die Hausverwaltung gehören nicht dazu. Die umlagefähigen Betriebskosten sind im Katalog der Betriebskostenverordnung aufgeführt. Im Regelfall genügt es deshalb, die Auflistung aus § 2 BetrKV zu übernehmen. Wir haben dazu eine Anlage 1 „Aufstellung Betriebskosten" zum Mietvertrag vorgesehen, in der diese Kosten aufgelistet sind. Den Vordruck C finden Sie im Formularteil, siehe Übersicht S. 82/83.

Sofern sonstige Betriebskosten (zum Beispiel Kosten der Dachrinnenreinigung, Wartung der Dächer, Wartung von Brandschutzeinrichtungen, Concierge) auf den Mieter umgelegt werden sollen, sind diese wie in unserem Mietvertragsentwurf gesondert aufzuführen. Sollten Sie weitere sonstige Betriebskosten umlegen wollen, die im Mietvertragsformular nicht enthalten sind, wäre die Aufzählung in § 3 Abs. 2 des Formulars entsprechend zu ergänzen.

Der Umlagemaßstab für die Betriebskosten sollte vereinbart werden. Dazu können die Wohnungsgröße und die Gesamtfläche der Immobilie vertraglich festgelegt werden.

Bei Eigentumswohnungen sollte der Umlagemaßstab so gewählt werden, dass er mit der Jahresabrechnung der Hausverwaltung übereinstimmt (siehe dazu auch den Ausfüllhinweis zum Mietvertragsformular ab S. 27).

Standard-, Staffel- oder Indexmietvertrag?

Für viele Mietverhältnisse dürfte der Standardmietvertrag passend sein. In einigen Fällen kann es aber sinnvoll sein, eine Indexmiete oder eine Staffelmiete zu vereinbaren. Alle Mietvertragsvarianten haben Vor- und Nachteile.

Unser Formular geht prinzipiell von einem unbefristeten Standardmietvertrag für eine Wohnung in einem Mehrfamilienhaus aus. Vom Standardmietvertrag sollten Sie aber abweichen, wenn sich die Vereinbarung einer Staffel- oder Indexmiete als zweckmäßiger erweist. Auch dafür können Sie unser Mietvertragsformular nutzen.

Standardmietvertrag

Den Standardmietvertrag für Wohnräume kann der Vermieter nur bei berechtigten Interessen (Eigenbedarf, Pflichtverletzungen des Mieters, Hinderung an einer angemessenen wirtschaftlichen Verwertung) kündigen. Anders als im Gewerbemietrecht ist es nicht möglich, den Vertrag zu kündigen, um eine höhere Miete zu vereinbaren. Als Ausgleich hat der Gesetzgeber dem Vermieter die Möglichkeit gegeben, eine Anpassung der Miete zu verlangen (siehe „Mieterhöhung", S. 55). Innerhalb von drei Jahren können Sie die Miete jeweils um bis zu 20 Prozent bis zur Höhe der ortsüblichen Vergleichsmiete anheben. In Gebieten, die durch Rechtsverordnung der jeweiligen Landesregierung als Gebiete mit besonders gefährdeter Wohnraumversorgung festgelegt wurden, können Sie die Miete in drei Jahren nur maximal um 15 Prozent bis zur Höhe der ortsüblichen Vergleichsmiete anheben.

Der Standardmietvertrag empfiehlt sich vor allem dann, wenn in der Gemeinde ein Mietspiegel besteht, aus dem Sie die ortsübliche Vergleichsmiete für das Mietobjekt entnehmen können, und wenn die vereinbarte Miete nicht bereits oberhalb der ortsüblichen Vergleichsmiete liegt. Nur in diesen Fällen ist eine Mieterhöhung bis zur ortsüblichen Vergleichsmiete relativ leicht möglich (siehe dazu „Erhöhung auf die ortsübliche Vergleichsmiete" auf S. 55 und das Mietvertragsformular).

Auch wenn Sie Modernisierungsmaßnahmen planen, sollten Sie den Standardmietvertrag wählen. In allen anderen Fällen kann die Vereinbarung einer Staffel- oder Indexmiete sinnvoll sein.

Staffelmietvertrag

Bei einem Staffelmietvertrag legen die Vertragsparteien von vornherein die Mietentwicklung fest. Dies hat für beide Seiten den Vorteil, dass die Mietentwicklung für die Laufzeit der Staffelvereinbarung (maximal zehn Jahre) festgelegt ist und kalkuliert werden kann. Für Sie als Vermieter ist sie bequem: Sie müssen sich nicht um die Formalien einer Mieterhöhung kümmern – sie tritt automatisch ein.

Während der Laufzeit der Staffel ist ein einseitiger Verzicht des Mieters auf sein Kündigungsrecht für die Laufzeit von bis zu vier Jahren zulässig.

Der Nachteil für Vermieter ist allerdings, dass alle anderen Mieterhöhungen während der Laufzeit der Staffelvereinbarung ausgeschlossen sind. Auch wenn Sie Maßnahmen zur Modernisierung durchführen, können Sie die Miete nicht erhöhen.

Bei einer Staffelmiete ist zu beachten, dass die Miete jeweils ein Jahr unverändert sein muss. Ist etwa wegen eines verspäteten Mietvertragsbeginns die Jahresfrist nur für einen einzigen Zeitraum nicht eingehalten, führt dies dazu, dass die Staffelmietvereinbarung insgesamt unwirksam ist.

Die jeweils erhöhte Miete oder den Erhöhungsbetrag müssen Sie im Vertrag in Geldbeträgen angeben. Es reicht nicht aus, die erhöhte Miete pro Quadratmeter oder die Erhöhung in Prozent anzugeben.

Bei der Festlegung der einzelnen Staffeln müssen Sie die Regelungen zur Mietpreisbremse beachten (mehr dazu siehe „Die Mietpreisbremse“, S. 35)

Indexmietvertrag

Die Indexmiete ist dann von Vorteil, wenn Sie für die Zukunft nur die Anpassung der Miete an die allgemeine Preisentwicklung sicherstellen möchten. Gegenüber der Staffelmiete hat sie den Vorzug, dass Sie die Miete flexibel der allgemeinen Preisentwicklung anpassen können und die Regelungen zur Mietpreisbremse nur für die Ausgangsmiete gelten. Der Nachteil ist jedoch, dass alle anderen Mieterhöhungen während der Laufzeit der Indexmiete ausgeschlossen sind, grundsätzlich auch Mieterhöhungen wegen Modernisierungen. Die Vereinbarung einer Indexmiete empfiehlt sich daher nur bei Objekten, für die auf lange Zeit keine Modernisierungen durchgeführt werden sollen. Wenn sich abzeichnet, dass die Mieten in Ihrer Gemeinde stärker steigen werden, als dies der allgemeinen Preisentwicklung entspricht, ist eine Indexmiete ebenfalls nicht sinnvoll.

Im Unterschied zur Staffelmiete tritt die Mieterhöhung nicht automatisch ein, sondern Sie müssen sie nach einer bestimmten Formel anhand des Verbraucherpreisindex ausrechnen und in Textform gegenüber dem Mieter geltend machen. Das ist vergleichsweise aufwendig. Die Indexmiete ist daher nur in wenigen Fällen zu empfehlen (mehr dazu siehe„Mieterhöhung bei Indexmiete“ S. 57).

Befristeter Mietvertrag

Wenn Sie das Mietverhältnis befristen möchten, sollten Sie das gut vorbereiten. Es gibt vor allem zwei Gründe, die Ihnen eine Befristung erlauben: Eigenbedarf oder ein geplanter Abriss oder erheblicher Umbau der Wohnung.

Ist das Mietverhältnis befristet, endet es grundsätzlich mit dem Ablauf des Befristungszeitraums. Bis dahin ist eine Kündigung ausgeschlossen, sofern nicht etwas anderes vereinbart wurde. Allerdings darf bei einer Staffelmietvereinbarung das Kündigungsrecht des Mieters nicht für mehr als vier Jahre ausgeschlossen werden.

Eine Befristung des Mietverhältnisses ist bei Wohnräumen nur zulässig, wenn Sie als Vermieter nach Ablauf des Befristungszeitraums

- Eigenbedarf geltend machen wollen, also das Mietobjekt für sich selbst, Familienangehörige und Angehörige Ihres Haushalts nutzen wollen, oder
- beabsichtigen, die Räume zu beseitigen (Abriss oder erheblicher Umbau des Hauses, sodass die Wohnung entfällt), oder
- erhebliche Umbaumaßnahmen oder Instandsetzungsmaßnahmen vornehmen wollen, die nicht oder erschwert durchgeführt werden können, wenn die Wohnung bewohnt ist, oder
- die Wohnung für einen Arbeitnehmer als Dienstwohnung benötigen.

Die Befristung ist nur wirksam, wenn der Befristungsgrund im Mietvertrag schriftlich angegeben wird.

Wenn Sie Eigenbedarf anmelden möchten, müssen Sie konkret beschreiben, für welche Person(en) und warum das Mietobjekt benötigt wird. Möchte beispielsweise Ihre Tochter in zwei Jahren in die Wohnung ziehen, weil sie dann Abitur macht und eine eigene Wohnung haben möchte, sollten Sie das so in der Anlage zum Vertrag vermerken. Orientieren Sie sich dabei an den Hinweisen zur Eigenbedarfskündigung (siehe „Der Vermieter kündigt", S. 70).

Auch bei einem geplanten Umbau/Abriss müssen Sie konkret angeben, welche Umbaumaßnahmen/Abrissarbeiten wann und warum geplant sind. Entsprechendes gilt für die Absicht, die Wohnung an Arbeitnehmer zu überlassen.

Sind derartige Gründe im Mietvertrag nicht genannt, ist die Befristung unwirksam. Folge ist, dass das Mietverhältnis nicht mit Ablauf der Befristung endet. Allerdings können Sie dem Mieter auch bei einer unwirksamen Befristung erst zum Ablauf des Befristungszeitraums ordentlich kündigen. Ebenso kommt der Mieter vor Ablauf der Befristung nicht aus dem Vertrag.

Wenn der Befristungsgrund wegfällt

Stellt sich später heraus, dass der Befristungsgrund (Eigenbedarf oder Abriss beziehungsweise Umbau) wegfällt, kann der Mieter die Fortsetzung des Mietverhältnisses auf unbestimmte Zeit verlangen. Verschiebt sich der Termin, weil sich beispielsweise Umbaumaßnahmen nicht so schnell wie geplant umsetzen lassen, kann er verlangen, dass Sie das Mietverhältnis so lange fortsetzen, bis der Befristungsgrund eintritt.

Anlagen zum Mietvertrag

Alle Regelungen, die Ihnen wichtig erscheinen, aber im Vertragsformular nicht enthalten sind oder für die der Platz nicht ausreicht, sollten Sie als Anlagen dem Mietvertrag beifügen. Die wichtigsten Anlagen haben wir bereits als Vordruck für Sie erstellt.

Wir halten die unten aufgeführten Anlagen zum Mietvertrag für wesentlich und haben für Sie entsprechende Vordrucke im Formularteil erstellt. Sie können dem Vertrag weitere Anlagen beifügen, wenn sie Ihnen wichtig erscheinen.

Um die Schriftform zu wahren, sollten alle Anlagen im Mietvertrag erwähnt werden. Kreuzen Sie am Ende des Mietvertragsformulars an, welche Anlagen Sie beifügen. Die Anlagen sollten jeweils von allen Vertragsparteien unterzeichnet werden. Sofern in Ihrem Fall Anlagen, die im Vertragsformular vorgesehen sind, nicht erforderlich sind, können diese natürlich entfallen. Wurde zum Beispiel der Mietvertrag nicht befristet, entfällt die dort vorgesehene Anlage 5.

Praxistipp: Wir empfehlen, die Anlagen durch eine Klammer oder eine Öse mit dem Mietvertrag fest zu verbinden, sodass sie nicht vom Mietvertrag getrennt werden können.

Anlage Lüftungshinweise

Es besteht immer die Gefahr, dass durch unzureichendes Lüften Schimmel und Feuchtigkeitsschäden entstehen. Um solche Schäden zu vermeiden, sollten Sie in den Mietvertrag Lüftungshinweise einbeziehen. Als Faustregel ist dreimal tägliches Lüften für zehn Minuten ratsam. Allerdings kommt es hier auch auf die baulichen Gegebenheiten an. Sind im Mietobjekt hochisolierende Fenster verbaut, kann Feuchtigkeit also gar nicht abziehen, sollte öfter gelüftet werden. Gleiches gilt bei Mietern, die viele Pflanzen oder ein Aquarium besitzen.

Ist es aufgrund baulicher Gegebenheiten notwendig, häufiger zu lüften, empfiehlt es sich, auch das in den Mietvertrag aufzunehmen. Ohne solche Regelungen laufen Sie Gefahr, für auftretenden Schimmelpilz verantwortlich zu sein, der bei entsprechendem Heizen und Lüften hätte vermieden werden können.

Anlage Betriebskosten

Bei der Anlage Betriebskosten achten Sie bitte darauf, alle sonstigen Betriebskosten, die hier nicht genannt sind und die Sie umlegen möchten, in § 3 Abs. 2 des Mietvertrags aufzuführen. Falls Sie die Anlage Betriebskosten ohne unser Mietvertragsformular verwenden wollen, müssen Sie in der Anlage unter Ziffer 17 die sonstigen Betriebskosten (zum Beispiel Kosten der Dachrinnenreinigung) eintragen, die Sie umlegen möchten.

Hausordnung

Die Vereinbarung einer Hausordnung halten wir für notwendig, da Sie als Vermieter ein Interesse an einem geordneten Miteinander innerhalb des Hauses haben. Fühlen sich Mieter durch einen anderen Mieter belästigt (zum Beispiel durch Lärm, Rauch oder Essensgerüche), kann dies unter Umständen dazu führen, dass diese die Miete mindern oder gar Schadensersatzansprüche gegen Sie erheben. Deshalb ist es wichtig, dass die wechselseitigen Rücksichtnahmepflichten im Mietvertrag geregelt sind.

Die Rechtsprechung sieht die Hausordnung als einen Vertrag auch zugunsten der anderen Mieter an. Die Mieter können daher untereinander darauf bestehen, dass die Regelungen in der vereinbarten Hausordnung beachtet werden. Beim Aufstellen der Hausordnung ist jedoch zu beachten, dass die Regelungen nicht unverhältnismäßig in die persönliche Lebensgestaltung der Mieter eingreifen dürfen.

Praxistipp: Enthält die Teilungserklärung einer Wohneigentumsanlage eine Hausordnung oder hat die Gemeinschaft eine solche beschlossen, ist es sinnvoll, diese dem Mietvertrag beizufügen. Ansonsten können Sie den vorbereiteten Vordruck im Formularteil nutzen.

Übergabeprotokoll

Es empfiehlt sich, bei der Wohnungsübergabe an den Mieter einen Zeugen mitzunehmen. Zeugen können alle Personen sein, die nicht im Mietvertrag aufgeführt sind. Es ist zudem ratsam, ein Übergabeprotokoll anzufertigen, wenn Sie die Wohnung und die Schlüssel an den Mieter übergeben. Verpflichtend ist dies jedoch nicht. Sie können dazu das Formular F „Wohnungsübergabeprotokoll" nutzen.

Sind im Übergabeprotokoll Mängel nicht aufgeführt, wird der Mieter nur schwer beweisen können, dass die Wohnung bereits bei Vertragsbeginn Mängel oder Schäden aufwies. Umgekehrt ergibt sich aus dem Übergabeprotokoll, dass dem Mieter die darin aufgeführten Mängel bekannt waren, sodass dem Protokoll ein hoher Beweiswert zukommt.

Der ursprüngliche Zustand eines Mietobjekts kann für die Neuvermietung entscheidend werden, wenn es darum geht, ob ein (Neu-)Mieter später zur Durchführung von Schönheitsreparaturen verpflichtet ist. Diese Pflicht besteht nach aktueller Rechtsprechung des Bundesgerichtshofs nur dann, wenn das Mietobjekt bei Übergabe frisch renoviert war oder ein angemessener Ausgleich gewährt wurde (siehe „Schönheitsreparaturen", S. 33).

Außerdem sollten Sie detailliert aufführen, dass die Wohnung keine Mängel aufwies, und dies fotografisch dokumentieren. Dadurch können Sie den Mieter bei Schäden haftbar machen. Prüfen Sie auch die Zählerstände genau nach. Bestätigen Sie im Übergabeprotokoll nichts, was nicht zutrifft.

Unterschrift freiwillig

Als Vermieter haben Sie in der Regel keinen Anspruch darauf, dass der Mieter das Wohnungsabnahmeprotokoll unterzeichnet. Auch Sie als Vermieter müssen ein vom Mieter vorbereitetes Wohnungsabnahmeprotokoll nicht unterzeichnen, wenn Sie damit nicht einverstanden sind.

Wenn es nicht zu einer einvernehmlichen Unterzeichnung kommt, lassen Sie Ihren Zeugen das Formular ausfüllen und unterschreiben. Sie behalten dann dieses Exemplar. Später kann sich Ihr Zeuge anhand des Formulars an den Zustand erinnern und diesen dann in einer möglicherweise notwendig werdenden gerichtlichen Auseinandersetzung glaubwürdiger vortragen.

Besonderheiten

Bei der Vermietung von Eigentumswohnungen und Einfamilienhäusern gibt es einige Besonderheiten, die Sie kennen und beachten sollten.

Neben Regelungen, die für Wohnungen und Häuser gleichermaßen gelten, gibt es ein paar Besonderheiten, die nur bei Eigentumswohnungen beziehungsweise bei der Vermietung von Einfamilien- oder Reihenhäusern eine Rolle spielen.

Besonderheiten bei Eigentumswohnungen

Wer eine Wohnung vermietet, sollte zunächst klären, dass die Nutzung der Räume zu Wohnzwecken nach den Regelungen der Teilungserklärung überhaupt zulässig ist. So kann die Teilungserklärung vorsehen, dass Räume nur zu gewerblichen Zwecken genutzt werden dürfen, zum Beispiel wenn sie als Teileigentum bezeichnet sind. Sie dürfen dann nur in Ausnahmefällen zu Wohnzwecken vermietet werden.

Eine solche Ausnahme ist beispielsweise, wenn eine Wohnnutzung typischerweise nicht zu größeren Beeinträchtigungen führt, als sie von der zulässigen gewerblichen Nutzung ausgehen. In der Regel ist allerdings eine Wohnraumnutzung schon deshalb mit größeren Störungen verbunden, weil die Wohnung anders als Büros auch außerhalb der Geschäftszeiten genutzt wird.

Außerdem sollten Sie bei Eigentumswohnungen darauf achten, dass der Umlagemaßstab bei den Nebenkosten dem der Gemeinschaft entspricht, damit Sie die Nebenkostenabrechnung der Gemeinschaft ohne Weiteres bei der Nebenkostenabrechnung für Ihren Mieter übernehmen können. Es empfiehlt sich daher, bei den kalten Betriebskosten grundsätzlich das Verhältnis der Miteigentumsanteile (MEA) als Umlagemaßstab zu vereinbaren und festzulegen, dass der Mieter die Grundsteuer für die jeweilige Wohnung zu zahlen hat. So ist es in § 3 Abs. 5 unseres Mietvertragsformulars vorgesehen (siehe Ausfüllhinweis, S. 29 und im Formular).

Auch bei den Heizkosten achten Sie bitte darauf, dass im Mietvertrag der gleiche Umlagemaßstab vereinbart wird, wie er in der Wohnungseigentümergemeinschaft verwendet wird.

Schließlich sollten Sie beachten, dass die Regelungen über die Nutzung der Wohnung, die sich aus der Teilungserklärung und der Beschlusslage der Gemeinschaft ergeben, in den Mietvertrag eingearbeitet werden. Entsprechende Vereinbarungen sollten als sonstige Vereinbarungen gemäß § 17 aufgenommen und werden. Falls der Platz dort nicht ausreicht, halten Sie die entsprechenden Vereinbarungen in der Anlage 6 (Besondere Vereinbarungen) fest. Enthält die Teilungserklärung eine Hausordnung oder hat die Gemeinschaft eine solche beschlossen, sollte die Hausordnung der Gemeinschaft statt unseres Formulars als Anlage 2 Bestandteil des Mietvertrags werden.

Besonderheiten bei Einfamilien- und Reihenhäusern

Bei Einfamilienhäusern, Reihenhäusern und Doppelhaushälften mit und ohne Grundstück, die nicht Teil einer Wohnungseigentümergemeinschaft sind, halten wir es für zweckmäßig, dass der Mieter die Nebenkosten möglichst direkt mit den Versorgern abrechnet. Er sollte also unmittelbar Verträge mit den Versorgern und sonstigen

Dienstleistern wie Wartungsfirmen schließen. Dann sind Sie als Vermieter nicht mit der Abrechnung und Verauslagung dieser Kosten belastet. Falls Sie dieser Empfehlung folgen, kreuzen Sie bitte in § 3 Abs. 2 des Formulars das für Sie Zutreffende an.

Wenn Sie einen Garten mitvermieten und dem Mieter die Gartenpflege übertragen möchten (Formulierung in § 16 a des Mietvertragsformulars), sollten Sie möglichst genau festlegen, welche Leistungen der Mieter zu erbringen hat. Eine Orientierung, welche Arbeiten notwendig sein könnten, gibt die Checkliste „Gartenpflege" rechts.

Wir empfehlen, die auszuführenden Arbeiten mit den Mietern zu besprechen und dann handschriftlich in das Mietvertragsformular einzutragen.

Soweit der Mieter – wie bei vermieteten Grundstücken üblich – den Winterdienst und die Reinigungspflichten der öffentlichen Straßen und Wege übernehmen soll, muss dies eindeutig im Vertrag geregelt werden. Dabei sollten die übertragenen Pflichten entsprechend den örtlichen Vorschriften genau bestimmt werden.

Praxistipp: Beachten Sie dabei, dass es nach einigen örtlichen Vorschriften notwendig sein kann, die Übertragung des Winterdienstes auf einen Dritten der zuständigen Straßenbehörde anzuzeigen.

Auch wenn Sie als Vermieter den Winterdienst und die Reinigungspflichten auf den Mieter oder Dritten übertragen haben, müssen Sie sich regelmäßig davon überzeugen, dass der Winterdienst und die Reinigung ordnungsgemäß ausgeführt werden, sonst haften Sie für entstehende Schäden neben dem Mieter oder dem Dritten als Gesamtschuldner.

CHECKLISTE

Gartenpflege

- ☐ **Düngen der Rasenflächen 1 x im Frühjahr als Starterdüngung und 1 x im Spätsommer als Erhaltungsdüngung**
- ☐ **Rasenflächen innerhalb der Vegetationsperiode (1.4. bis 30.10.) mähen, Kanten dabei stechen oder schneiden**
- ☐ **Rabatten innerhalb der Vegetationsperiode (1.4. bis 30.10.) auflockern, Unkraut und unerwünschte Bestandteile entfernen**
- ☐ **Pflanzen mit Dauerdünger 2 x jährlich versorgen**
- ☐ **Stauden, Kleinsträucher, Bodendecker, Rosen innerhalb der Vegetationsperiode (1.4. bis 30.10.) kontrollieren, schneiden und gärtnerisch versorgen, ggf. teilen und neu aufpflanzen (Stauden)**
- ☐ **Sichtschutz- und Formhecken 2 x im Jahr schneiden**
- ☐ **Formgehölze wie zum Beispiel Buchsbaumkugeln 3 x jährlich schneiden**
- ☐ **Laubbeseitigung innerhalb der Laubfallperiode (1.10. bis 31.01. des Folgejahres)**
- ☐ **Wintergehölzschnitt und Erhaltungsschnitt in der Vegetationsperiode an Bäumen und Sträuchern nach Bedarf entsprechend den Wuchs- und Habituskriterien der jeweiligen Pflanze durchführen**
- ☐ **Sämtliche nötigen Pflanzenschutzmaßnahmen nach Bedarf ausführen**
- ☐ **Beseitigung von Unkraut auf Wegen und Zufahrten**

Im laufenden Mietverhältnis

Am angenehmsten ist es natürlich, wenn der Mieter einfach die Miete zahlt und man sich als Vermieter nur noch um die jährliche Nebenkostenabrechnung kümmern muss. Vielleicht müssen aber in der Wohnung Reparaturen durchgeführt werden oder Sie möchten die Miete erhöhen.

Wenn es nicht so gut läuft, kommt es mitunter zu Problemen, etwa weil Mängel auftreten, Streit zwischen den Mietern entstanden ist oder aber der Mieter die Miete nicht zahlt. Wir zeigen Ihnen, worauf es dann ankommt.

Wichtig ist, dass Sie immer versuchen, einen angemessenen Ausgleich zwischen Ihren Interessen als Vermieter und den Belangen der Mieter zu finden.

Die Nebenkostenabrechnung erstellen

Wurde eine Nettokaltmiete vereinbart, muss über die Betriebs- und Heizkostenvorschüsse jährlich abgerechnet werden. Dabei müssen Sie Fristen und bestimmte Formvorschriften einhalten.

In den meisten Mietverträgen wird vereinbart, dass der Mieter auf die Betriebs- sowie auf Heiz- und Warmwasserkosten Vorschüsse zahlt, über die Sie als Vermieter jährlich abrechnen müssen. Machen Sie hier Fehler oder erfolgt die Abrechnung zu spät, kann das dazu führen, dass Sie auf Kosten sitzen bleiben. Bei den Heiz- und Warmwasserkosten ist die Abrechnung sogar gesetzlich vorgeschrieben, es sei denn, es handelt sich um eine Wohnung in einem vom Vermieter selbst bewohnten Zweifamilienhaus.

Vermieter von Eigentumswohnungen in Mehrfamilienhäusern haben es dabei in der Regel leichter: Die Hausverwaltung erstellt die Abrechnung für sie, und sie müssen die Abrechnung nur an den Mieter weiterleiten. Für diesen Fall haben wir ein spezielles kurzes Formular H1 für die Nebenkostenabrechnung erstellt (siehe Formularteil, Übersicht auf S. 82/83). Sie können dieses einfachere Formular verwenden, wenn aus der Abrechnung Ihrer Wohnungseigentümergemeinschaft klar die auf Ihren Mieter entfallenden Betriebs- und Heizkosten hervorgehen und der in der Jahresabrechnung der Gemeinschaft verwendete Umlagemaßstab mit den vertraglichen Vereinbarungen übereinstimmt.

Ist dies nicht der Fall oder müssen Sie die Nebenkostenabrechnung komplett selbst erstellen, ist sie aufwendiger. Dann verwenden Sie bitte das Formular H2 mit den unterschiedlichen Verteilerschlüsseln. Die Online-Version des Formulars ist selbstrechnend, was das Ausfüllen sehr erleichtert.

Fristen einhalten

Sie müssen dem Mieter die Nebenkostenabrechnung spätestens ein Jahr nach Ende des Abrechnungszeitraums, der sich grundsätzlich auf zwölf Monate erstreckt, in Textform (Schreiben, Fax oder Mail) übermitteln. Dabei ist es besonders wichtig, dass Sie den rechtzeitigen Zugang der Nebenkostenabrechnung beweisen können. Für die Einhaltung der Frist gilt der Zeitpunkt, zu dem unter normalen Umständen damit zu rechnen ist, dass der Empfänger das Schriftstück zur Kenntnis nehmen kann. Deshalb wird ein Brief, der am Silvesterabend in den Hausbriefkasten eingeworfen wird, erst am 2. Januar zugehen. Denn unter normalen Umständen ist nicht damit zu rechnen, dass der Hausbriefkasten noch am selben Abend oder am Neujahrstag, einem Feiertag, geleert wird. Bitte denken Sie daran, dass Sie bei Streitigkeiten den rechtzeitigen Zugang der Nebenkostenabrechnung beweisen müssen (siehe „Wichtige Grundlagen", S. 12).

Halten Sie die Frist nicht ein, vergessen Sie einzelne Nebenkostenarten oder berücksichtigen Sie Kosten versehentlich nicht, haben Sie als Vermieter grundsätzlich keine Möglichkeit, diese nachzufordern. Dies gilt auch dann, wenn Sie von Ihrem WEG-Verwalter die Abrechnung für das Kalenderjahr nicht rechtzeitig erhalten haben. Sie müssen sich die erforderlichen Informationen von Ihrem Verwalter früh genug beschaffen.

Umgekehrt hat aber auch der Mieter nur ein Jahr nach Zugang einer formell korrekten Nebenkostenabrechnung Zeit, Einwendungen dagegen zu erheben. Es reicht hier nicht, wenn der Mieter pauschal lamentiert, dass die Abrechnung nicht in Ordnung sei. Er muss Einsicht in die Abrechnungsunterlagen nehmen und die Richtigkeit der Positionen überprüfen. Wenn er danach meint, dass die Abrechnung nicht korrekt ist, muss er konkret mitteilen, welche Position er warum beanstandet.

Form einhalten

Die Jahresfrist ist nur gewahrt, wenn die erstellte Abrechnung auch den folgenden formellen Anforderungen genügt:

→ **Richtiger Absender.** Zu den Mindestvoraussetzungen einer Nebenkostenabrechnung gehört, dass der richtige Vermieter als Absender genannt wird. Dies gilt insbesondere beim Eigentümerwechsel. Verkaufen Sie das Mietobjekt, ist für die Nebenkostenabrechnung der neue Eigentümer zuständig, wenn er am Ende des Abrechnungszeitraums bereits als Eigentümer im Grundbuch eingetragen ist. Sonst sind weiterhin Sie zuständig. Wird die Nebenkostenabrechnung durch einen Vertreter erstellt, muss deutlich werden, dass die Abrechnung im Namen des richtigen Vermieters erfolgt.

→ **Richtiger Adressat.** Achten Sie darauf, dass die Nebenkostenabrechnung an alle Mieter gerichtet wird. Der Bundesgerichtshof hat zwar entschieden, dass die Frist für die Nebenkostenabrechnung auch gewahrt wird, wenn sie nur an einen Mieter gerichtet ist. Dies gilt allerdings ausschließlich gegenüber dem in der Abrechnung genannten Mieter.

→ **Richtiges Abrechnungsobjekt.** Natürlich muss das Mietobjekt, für das Sie die Nebenkosten abrechnen wollen, in der Nebenkostenabrechnung korrekt bezeichnet sein.

AUSFÜLLHINWEIS

→ S. 129

Formulare H1 und H2 Nebenkostenabrechnung

Formular H1: Einfache Abrechnung. Wenn Sie das einfache Formular verwenden, müssen Sie die Jahresabrechnung der WEG dem ausgefüllten Formular in Kopie beifügen.

Gibt es Betriebskosten, die ausschließlich auf Ihre Wohnung entfallen, wie zum Beispiel die Kosten für die Wartung einer Gasetagenheizung, tragen Sie in der Zeile „Sonstige nur auf Ihre Wohnung entfallende Betriebskosten" die Betriebskostenart, also im Beispiel „Wartung der Gasetagenheizung" ein und zusätzlich den jeweiligen Betrag.

Formular H2: Ausführliche Abrechnung

Bitte beachten Sie beim Ausfüllen des Formulars den nach den vertraglichen Vereinbarungen beziehungsweise gemäß § 556 a BGB geltenden Verteilerschlüssel (Umlagemaßstab).

Beispiel: Haben Sie im Mietvertrag vereinbart, dass für die Kosten der Straßenreinigung das Verhältnis der Wohnfläche zur Gesamtwohnfläche maßgeblich sein soll, verwenden Sie den Verteilerschlüssel 1 und tragen in der Zeile Straßenreinigung die Wohnfläche und die Gesamtfläche der Wirtschaftseinheit in das Formular ein. Ist die Umlage entsprechend dem Verhältnis der Miteigentumsanteile (MEA) vereinbart, tragen Sie in die jeweilige Zeile die auf die vermietete Wohnung entfallenden Miteigentumsanteile und die Gesamtzahl der Miteigentumsanteile ein.

Wenn Sie die Umlage der Kosten der Wasserversorgung und Entwässerung nach Verbrauch vereinbart haben, tragen Sie in der Zeile Wasserversorgung und Entwässerung jeweils den Gesamtverbrauch des Hauses und den Verbrauch des Mieters ein.

Vergessen Sie nicht, die Heiz- und Warmwasserkostenabrechnung Ihres Wärmemessdienstleisters beizufügen und ebenfalls abzurechnen.

→ **Richtiger Abrechnungszeitraum.** Die Abrechnung ist grundsätzlich für einen Zeitraum von zwölf Monaten zu erstellen. Ein längerer Abrechnungszeitraum wäre unwirksam. Im Jahr des Einzugs oder des Auszugs verkürzt sich der Abrechnungszeitraum entsprechend. Der Abrechnungszeitraum muss zwar nicht zwingend dem Kalenderjahr entsprechen, in der Praxis hat sich dies jedoch bewährt. Das gilt vor allem für vermietete Eigentumswohnungen. Haben Sie vertraglich einen bestimmten Zeitraum vereinbart, sind Sie daran gebunden und müssen dies bei der Abrechnung berücksichtigen.

→ **Angabe der Gesamtkosten und nachvollziehbarer Umlagemaßstab.** Aus der Abrechnung muss hervorgehen, welche Gesamtkosten Sie der Abrechnung zugrunde gelegt haben und nach welchem Verteilerschlüssel (Umlagemaßstab) Sie diese auf die Mieter umgelegt haben. Es muss also klar zu erkennen sein, ob Sie die Betriebskosten zum Beispiel nach den Flächenverhältnissen, den Miteigentumsanteilen oder nach Verbrauch auf die Mieter umgelegt haben.

Wenn Sie unsere vereinfachte Betriebskostenabrechnung, die auf die Abrechnung Ihrer WEG-Verwaltung abstellt, verwenden, ergibt sich der Verteilerschlüssel (Umlagemaßstab) aus der Abrechnung der Wohnungseigentümergemeinschaft, nämlich meistens dem Verhältnis der Miteigentumsanteile. In allen anderen Fällen müssen Sie den Verteilerschlüssel (Umlagemaßstab) jeweils angeben, damit der Mieter sehen kann, welchen Verteilerschlüssel (Umlagemaßstab) Sie verwendet haben.

→ **Angabe der Vorauszahlungen.** Dem Abrechnungsergebnis müssen Sie die tatsächlich im Abrechnungsjahr geleisteten (Ist-)Vorauszahlungen gegenüberstellen, um das Guthaben beziehungsweise die Nachzahlung für den Mieter zu ermitteln.

Insgesamt muss die Abrechnung so verständlich sein, dass ein durchschnittlicher Mieter ohne juristische oder betriebswirtschaftliche Kenntnisse sie nachvollziehen kann.

Inhaltliche Anforderungen

Sind die formellen Kriterien eingehalten, können Sie inhaltliche Fehler auch noch nachträglich berichtigen. Stellen Sie allerdings fest, dass Sie zu wenig abgerechnet haben, können Sie Nachforderungen nur innerhalb eines Jahres nach dem Ende des Abrechnungszeitraums erheben. Deshalb sollten Sie schon beim Erstellen der Abrechnung darauf achten, dass alles richtig ist.

Welche Nebenkosten können Sie abrechnen?

Sie können die Nebenkosten nur dann abrechnen, wenn dies vertraglich vereinbart wurde. Bei den sonstigen Betriebskosten muss sich aus dem Mietvertrag ergeben, um welche sonstigen Betriebskosten es sich handelt. Betriebskostenarten, deren Umlage nicht im Mietvertrag vereinbart wurde, hat der Mieter nicht zu tragen. Gleichen Sie die Abrechnung der Betriebskosten auch mit den Vereinbarungen im Mietvertrag ab.

Hausmeister- und Fahrstuhlkosten

In vielen Hausmeisterdienstverträgen sind Verwaltungsaufgaben und Instandsetzungsleistungen enthalten, die nicht auf die Mieter umgelegt werden können. Wenn Sie nicht nachweisen können, wie hoch diese nicht umlagefähigen Kosten waren, riskieren Sie, dass Sie im Streitfall die gesamte Position nicht umlegen können. Ähnlich verhält es sich bei Vollwartungsverträgen für Aufzüge.

Praxistipp: Wir empfehlen deshalb, die Verträge mit Ihren Dienstleistern so zu gestalten, dass die umlagefähigen Kosten in den jeweiligen Rechnungen gesondert ausgewiesen werden, sodass Sie die anteiligen umlagefähigen Kosten einfach nachweisen können. Ist die Wohnung Teil einer Wohnungseigentümergemeinschaft, sollten Sie gegenüber dem Verwalter auf eine entsprechende Gestaltung der Dienstleistungsverträge hinwirken.

Nach dem Abfluss- oder Leistungsprinzip abrechnen?

Natürlich können Sie nur die Kosten abrechnen, die im Abrechnungsjahr angefallen sind. Dabei sollten Sie sich entweder für das Leistungsprinzip oder das Abflussprinzip entscheiden. Beim Leistungsprinzip rechnen Sie alle Kosten für Leistungen im Kalenderjahr ab, unabhängig davon, wann Sie die Rechnung erhalten haben, während Sie beim Abflussprinzip alle Rechnungen im jeweiligen Kalenderjahr in Ihrer Abrechnung berücksichtigen.

Bei vermieteten Eigentumswohnungen empfehlen wir die Abrechnung nach dem Abflussprinzip, da Ihr WEG-Verwalter verpflichtet ist, so abzurechnen.

Bei den Heizkosten müssen Sie (ebenso wie Ihr WEG-Verwalter) jedoch das Leistungsprinzip anwenden.

Beispiel für das Abflussprinzip: Erhalten Sie die Rechnung für den Brennstoffverbrauch im Jahr 2020 im Folgejahr des Abrechnungszeitraums, also 2021, müssen Sie diese Rechnung in Ihre Abrechnung für 2020 einstellen. Entfallen aus der Rechnung teilweise Kosten auf das Abrechnungsjahr 2020 und das Folgejahr 2021, müssen Sie den Anteil der Kosten, der 2021 entstanden ist, in die Abrechnung des Jahres 2021 einstellen.

CHECKLISTE

Nebenkosten abrechnen

Abgerechnet werden können nur die in § 2 BetrKV genannten Betriebskostenarten:

- ☐ **Laufende öffentliche Lasten des Grundstücks, insbesondere die Grundsteuer**
- ☐ **Kosten der Wasserversorgung**
- ☐ **Kosten der Entwässerung**
- ☐ **Heiz- und Warmwasserkosten**
- ☐ **Kosten des Betriebs des Personen- oder Lastenaufzugs**
- ☐ **Kosten der Straßenreinigung und Müllbeseitigung**
- ☐ **Kosten der Gebäudereinigung und Ungezieferbekämpfung**
- ☐ **Kosten der Gartenpflege**
- ☐ **Kosten der Beleuchtung**
- ☐ **Kosten der Schornsteinreinigung**
- ☐ **Kosten der Sach- und Haftpflichtversicherung**
- ☐ **Kosten für den Hauswart**
- ☐ **Kosten des Betriebs der Gemeinschafts-Antennenanlage oder der mit einem Breitbandnetz verbundenen privaten Verteilanlage**
- ☐ **Kosten des Betriebs der Einrichtungen für die Wäschepflege**
- ☐ **Sonstige Betriebskosten, die im Mietvertrag oder der Anlage aufgeführt sind**

CHECKLISTE

Heiz- und Warmwasserkosten

Umlagefähig sind die Kosten

- ☐ **der verbrauchten Brennstoffe und ihrer Lieferung,**
- ☐ **des Betriebsstroms,**
- ☐ **der Bedienung, Überwachung und Pflege der Anlage, der regelmäßigen Prüfung ihrer Betriebsbereitschaft und Betriebssicherheit einschließlich der Einstellung durch eine Fachkraft, der Reinigung der Anlage und des Betriebsraums,**
- ☐ **der Messungen nach dem Bundes-Immissionsschutzgesetz,**
- ☐ **der Anmietung oder anderer Arten der Gebrauchsüberlassung einer Ausstattung zur Verbrauchserfassung sowie die Kosten der Ausstattung zur Verbrauchserfassung einschließlich der Kosten der Eichung sowie der Kosten der Berechnung, Aufteilung und Verbrauchsanalyse.**

Richtiger Verteilerschlüssel

Maßgeblich ist der im Mietvertrag vereinbarte Verteilerschlüssel. Ist im Vertrag kein Verteilerschlüssel benannt, sind die Kosten im Verhältnis der Wohnfläche zur Gesamtfläche des Hauses zu verteilen. Soweit die Nebenkosten vom Verbrauch der Mieter abhängen und dieser erfasst wird (zum Beispiel durch Wasseruhren), sind sie nach dem Verhältnis des Verbrauchs abzurechnen.

Der Verbrauch sollte möglichst genau am Anfang und Ende des Abrechnungszeitraums erfasst werden. Die Ablesung sechs Wochen nach Ende des Abrechnungszeitraums kann schon zu spät sein.

Für die Abrechnung der Heiz- und Warmwasserkosten gelten besondere Vorgaben (siehe „Verbrauchsabhängige Abrechnung“, S. 51).

Wenn durch Gewerbebetriebe verursachte Betriebskosten (wie Grundsteuer, Versicherungen oder Müllabfuhr) zu einer Mehrbelastung der Wohnraummieter führen, die ins Gewicht fällt, sollten Sie Kosten für die Gewerbeeinheiten gesondert abrechnen.

Ist-Vorauszahlungen berücksichtigen

In der Abrechnung sollten Sie nur tatsächlich geleistete Vorauszahlungen berücksichtigen. In Ausnahmefällen hat der BGH zwar die Abrechnung nach den Soll-Vorauszahlungen zugelassen, empfehlenswert ist dies jedoch für Sie nicht, da es dabei zu Unklarheiten und Unsicherheiten kommt. Unter Umständen zahlen Sie dann sogar ein vermeintliches Guthaben aus, obwohl der Mieter noch Vorauszahlungen schuldet.

Belegeinsicht und Einwendungen des Mieters

Der Mieter hat das Recht, die Belege, die der Abrechnung zugrunde liegen, einzusehen. Dazu sollten Sie ihm die Belege in geordneter Form vorlegen. Sie können dem Mieter aber auch anbieten, ihm Kopien der für ihn relevanten Belege zu übersenden, wenn Sie sich einen Termin mit ihm ersparen wollen. Die Kopierkosten können Sie sich vom Mieter erstatten lassen, wenn Sie das möchten.

Der Mieter muss Einwände gegen die Nebenkostenabrechnung innerhalb eines Jahres nach deren Zugang erheben. Danach sind Einwände ausgeschlossen.

Die Vorauszahlungen anpassen

Hat die Abrechnung einen Nachzahlungsbetrag zu Ihren Gunsten ergeben, sollten Sie die Vorauszahlungen für die Zukunft entsprechend anpassen. Dabei können Sie ein Zwölftel des Jahresergebnisses der Abrechnung als neue monatliche Vorauszahlung ansetzen.

Diese Anpassung sollten Sie dem Mieter in der Abrechnung nachvollziehbar darstellen. In unseren beiden Formularen zur Nebenkostenabrechnung haben wir das bereits vorformuliert.

Heiz- und Warmwasserkostenabrechnung

Bei der Heiz- und Warmwasserkostenabrechnung gelten die gleichen Fristen und formalen und inhaltlichen Anforderungen wie für die Betriebskostenabrechnung. Das gilt auch für die Belegeinsicht und die Anpassung der Vorauszahlungen.

Wir empfehlen, ein Fachunternehmen mit der Erstellung der Heiz- und Warmwasserkostenabrechnung zu beauftragen. Die Kosten dafür können Sie vollständig auf Ihre Mieter umlegen. Sie müssen dann nur noch die vom Wärmemessdienstleister erstellte Heiz- und Warmwasserkostenabrechnung der Betriebskostenabrechnung beifügen und den vom Mieter zu zahlenden Gesamtbetrag und die geleisteten Vorauszahlungen in die Nebenkostenabrechnung eintragen.

Verbrauchsabhängige Abrechnung

Egal, ob Sie selbst die Heiz- und Warmwasserkostenabrechnung erstellen oder sie durch einen externen Dienstleister erstellen lassen, sollten Sie darauf achten, dass die Abrechnung für den Verbrauch die folgenden Besonderheiten berücksichtigt:

→ Die Vorschriften der Heizkostenverordnung gehen mietvertraglichen Vorschriften vor, sodass die Heiz- und Warmwasserkosten mindestens zu 50 Prozent und höchstens zu 70 Prozent nach dem Verhältnis des Verbrauchs in der Anlage und im Übrigen nach dem Verhältnis der Wohn- oder beheizten Fläche abgerechnet werden muss.

→ Bei älteren Gebäuden, die das Anforderungsprofil der Wärmeschutzverordnung aus dem Jahr 1994 nicht erfüllen, kann es erforderlich sein, dass zwingend 70 Prozent der umlagefähigen Heizkosten nach dem Verhältnis des Verbrauchs abgerechnet werden.

Praxistipp: Wir raten dazu, nach der Wohnfläche und nicht nach der beheizten Fläche abzurechnen, weil es im Einzelfall recht aufwendig sein kann, die beheizte Fläche zu ermitteln. Das kann zu Streit führen.

Eine Betriebskostenpauschale anpassen

Für den Fall, dass Sie keine Betriebskostenvorauszahlung, sondern eine Betriebskostenpauschale vereinbart haben, sind Sie nicht zu einer Abrechnung verpflichtet. Sie können die Betriebskostenpauschale nur für die Zukunft erhöhen, wenn die Betriebskosten, die mit der Pauschale abgegolten sind, gegenüber dem Stand bei Vereinbarung der Pauschale gestiegen sind. Dafür müssen Sie die Betriebskosten zum Zeitpunkt der Vereinbarung der Pauschale beziehungsweise der letzten Erhöhung den aktuellen Betriebskosten gegenüberstellen.

Die Erhöhung müssen Sie in Textform an alle Mieter erklären. Im Schreiben müssen Sie erläutern, wie sich die neue Betriebskostenpauschale errechnet. Die Erhöhung der Pauschale wird dann mit Beginn des zweiten Monats, der auf den Monat des Zugangs der Erklärung folgt, wirksam. Geht die Erklärung dem Mieter zum Beispiel am 20. Mai zu, tritt die Erhöhung zum 1. Juli ein. Sie können die Pauschale auch erhöhen, wenn zusätzliche Betriebskosten zum Beispiel durch Modernisierungsmaßnahmen hinzugekommen sind. Lassen Sie zum Beispiel einen Aufzug einbauen, können Sie die Pauschale um die dadurch neu anfallenden Betriebskosten erhöhen, selbst wenn die übrigen Betriebskosten gleich geblieben sind.

Haben sich die Betriebskosten rückwirkend erhöht, wurde also zum Beispiel die Grundsteuer rückwirkend für das zurückliegende Kalenderjahr angehoben, können Sie die Pauschale rückwirkend anpassen. Allerdings muss dem Mieter die entsprechende Erklärung innerhalb von drei Monaten, nachdem Sie Kenntnis von der rückwirkenden Erhöhung erhalten haben, zugehen. Halten Sie diese Frist nicht ein, können Sie die Pauschale nur noch für die Zukunft erhöhen.

Sind die Betriebskosten gegenüber dem Stand bei Vereinbarung der Pauschale gesunken, sind Sie verpflichtet, dem Mieter dies unverzüglich mitzuteilen. Die Pauschale ist dann vom Zeitpunkt der Ermäßigung entsprechend herabzusetzen.

Modernisierungs- und Erhaltungsmaßnahmen

Reparaturen können notwendig werden. Vielleicht wollen oder müssen Sie aber auch die Wohnung oder das Haus modernisieren. Was dabei zu beachten ist, erfahren Sie hier.

Wenn Sie im laufenden Mietverhältnis das Mietobjekt instand setzen, instand halten oder modernisieren wollen, muss der Mieter diese Maßnahmen grundsätzlich dulden, wenn Sie sie rechtzeitig angekündigt haben.

Sofern Ihrem Mieter aufgrund der Modernisierungs- oder Erhaltungsmaßnahme (Instandsetzung oder Instandhaltung) Kosten entstehen, zum Beispiel weil er eine Ersatzwohnung anmieten muss oder die Arbeiten beaufsichtigt werden müssen, kann er von Ihnen für angemessene Aufwendungen Ersatz verlangen.

Duldung bedeutet, dass der Mieter die Handwerker in das Mietobjekt lässt. Er ist aber nicht verpflichtet, Baufreiheit zu schaffen. Er muss also nicht die Möbel verrücken oder Einbauten, die er zulässigerweise installiert hat, entfernen. Für die Baufreiheit müssen Sie als Bauherr und Vermieter sorgen. Sie können bei Modernisierungsmaßnahmen die dafür erforderlichen Kosten aber ebenfalls mit 8 Prozent jährlich auf die Miete umlegen.

Wenn der Mieter sich querstellt

Wenn der Mieter die ordnungsgemäß angekündigten Maßnahmen ablehnt, sollten Sie versuchen, mit ihm zu reden und ihn vom Sinn der Maßnahmen zu überzeugen. Geht er auf Ihre Argumente nicht ein, bleibt Ihnen nur, ihn auf Duldung zu verklagen.

Wir empfehlen in diesem Fall, den Mieter zusätzlich abzumahnen und ihn darauf hinzuweisen, dass die unberechtigte Weigerung zur fristlosen Kündigung des Mietverhältnisses führen kann. Bei einer unberechtigten Verweigerung der Duldung von Modernisierungs- oder Instandsetzungsmaßnahmen lässt der Bundesgerichthof eine (fristlose) Kündigung ausdrücklich zu.

Instandhaltung und Instandsetzung

Eine Instandhaltungs- oder Instandsetzungsmaßnahme dient dazu, den vertragsgemäßen Zustand des Mietobjekts zu erhalten oder wiederherzustellen und Schäden vorzubeugen. Es ist allein Ihre Sache als Vermieter zu entscheiden, wie Sie die erforderlichen Maßnahmen vornehmen wollen, ob Sie zum Beispiel kaputte Fenster nur reparieren oder komplett austauschen wollen.

Der Mieter muss die erforderlichen Maßnahmen nur dulden, wenn Sie als Vermieter sie mit einer angemessenen Frist ankündigen – es sei denn, die Arbeiten sind lediglich mit einer unerheblichen Einwirkung auf das Mietobjekt verbunden oder sie müssen sofort durchgeführt werden, wie zum Beispiel bei einem Rohrbruch.

Welche Frist angemessen ist, hängt von der Intensität und dem Umfang der geplanten Maßnahmen ab und lässt sich daher nicht pauschal benennen. Im Allgemeinen ist eine Frist von einer Woche bei kleineren Instandsetzungsmaßnahmen ausreichend, während bei umfangreichen Maßnahmen (zum Beispiel Austausch von Fenstern oder Fußböden) eine Frist von mindestens zwei Wochen eingehalten werden sollte.

Generell empfiehlt es sich, dem Mieter geplante Arbeiten so früh wie möglich anzuzeigen, damit er sich darauf einstellen kann.

Eine Form ist dabei nicht vorgeschrieben, wir empfehlen aber zumindest die Textform (E-Mail, Fax oder Schreiben). Stellen Sie bitte sicher, dass Sie den Zugang der Ankündigung beweisen können.

Modernisierung

Im Gegensatz zur Instandhaltung geht es bei der Modernisierung um Maßnahmen, die

- zur Energieeinsparung oder zur Einsparung von Wasser dienen,
- den Gebrauchswert des Mietobjekts erhöhen,
- die allgemeinen Wohnverhältnisse verbessern,
- neuen Wohnraum schaffen, oder
- um bauliche Maßnahmen, die der Vermieter aus Gründen, die er nicht zu vertreten hat, durchführen muss, zum Beispiel aufgrund gesetzlicher Vorschriften oder behördlicher Auflagen.

Ordentlich ankündigen

Bei Modernisierungsmaßnahmen gelten deutlich längere Ankündigungsfristen als bei Instandsetzungsmaßnahmen. Der Mieter muss sie nur dulden, wenn ihm die Ankündigung in Textform drei Monate vor Beginn der Arbeiten zugeht. Im Schreiben müssen die Art und der voraussichtliche Umfang der Modernisierungsmaßnahme in wesentlichen Zügen dargestellt sein.

Auch wenn der Bundesgerichtshof betont, dass die formellen Anforderungen nicht überspannt werden dürfen, scheitern bei den Gerichten Modernisierungen immer wieder an unzureichenden Angaben in der Modernisierungsankündigung. Wir empfehlen deshalb, die Maßnahme möglichst umfassend zu beschreiben. Die Ankündigung muss dem Mieter ermöglichen zu beurteilen, ob es sich um eine Modernisierungsmaßnahme handelt, welche Auswirkungen sie auf das Mietobjekt und deren Nutzung hat und mit welcher Mieterhöhung zu rechnen ist. Bei energetischen Maßnahmen muss deutlich werden, warum eine Energieeinsparung zu erwarten ist. Dazu reicht es aus, den Wärmedurchlasskoeffizienten der alten und der neuen Bauteile anzugeben.

Daneben müssen der voraussichtliche Beginn und die voraussichtliche Dauer der Modernisierungsmaßnahme und die voraussichtlich zu erwartende Mieterhöhung einschließlich der voraussichtlichen Betriebskosten angegeben werden.

Wenn Sie vom „vereinfachten Verfahren" (siehe „Kein Härteeinwand beim vereinfachten Verfahren", S. 59) Gebrauch machen möchten, müssen Sie dies in der Modernisierungsankündigung mitteilen. Die voraussichtlichen Betriebskosten müssen Sie im vereinfachten Verfahren nicht angeben.

Die Anforderungen an eine ordnungsgemäße Modernisierungsankündigung sind recht hoch. Wir empfehlen, sie von einem Experten erstellen zu lassen. Aus diesem Grund haben wir kein Muster dafür in den Formularteil aufgenommen.

Härtegründe

Liegen die genannten Voraussetzungen vor, muss der Mieter die Modernisierungsmaßnahme dulden, es sei denn, es liegt eine nicht zu rechtfertigende Härte vor, die der Duldung entgegensteht, und diese Härtegründe wurden dem Vermieter rechtzeitig mitgeteilt. Dies können zum Beispiel gesundheitliche Probleme, eine unmittelbar bevorstehende Prüfungsarbeit oder vergleichbare Gründe sein.

Härtegründe, die der Duldung oder der zu erwartenden Mieterhöhung entgegenstehen, müssen Sie nur berücksichtigen, wenn sie Ihnen fristgerecht in Textform mitgeteilt wurden. Fristgerecht heißt, bis zum Ablauf des auf den Zugang der ordnungsgemäßen Modernisierungsankündigung folgenden Monats. Diese Frist beginnt aber nur, nachdem Sie den Mieter (zweckmäßigerweise in der Modernisierungsankündigung) über die Form und Frist informiert haben, innerhalb derer er seine Härtegründe geltend machen kann.

Auch wenn der Mieter finanzielle Härtegründe geltend macht, muss er die Maßnahme dulden. Diese finanziellen Härtegründe können erst bei der Mieterhöhung berücksichtigt werden und dies auch nur dann, wenn sie rechtzeitig geltend gemacht wurden (siehe „Härteeinwand gegen die Erhöhung bei Modernisierung", S. 59). Sie stehen der Durchführung der Modernisierungsmaßnahme nicht entgegen.

Mieterhöhung

Mieterhöhungen sind nur innerhalb eines gesetzlich relativ strikt geregelten Rahmens zulässig. Wenn Sie die Miete erhöhen möchten, ist daher besondere Sorgfalt geboten.

Die Miete können Sie nicht nach Gutdünken erhöhen. Hier gelten recht strenge Vorgaben. Wenn Sie einen Staffelmietvertrag abgeschlossen haben, treten die Mieterhöhungen automatisch ein. Bei einem Standardmietvertrag oder einem Indexmietvertrag müssen Sie tätig werden, wenn Sie die Miete heraufsetzen möchten. Dabei sind viele Voraussetzungen zu beachten. Auch wenn Sie nach einer Modernisierung die Miete anheben, müssen Sie sorgfältig vorgehen und Formvorschriften und Fristen einhalten.

In Berlin sind Mieterhöhungen nur im Rahmen des „Mietendeckels" möglich, sofern das Bundesverfassungsgericht die Vorschriften dazu nicht aufhebt. Unter test.de/formulare-vermieter halten wir Sie zu den aktuellen Entwicklungen auf dem Laufenden.

Erhöhung auf die ortsübliche Vergleichsmiete

Der Gesetzgeber hat Ihnen unter den nachfolgenden Voraussetzungen einen Anspruch gegen Ihren Mieter eingeräumt, dass er einer Erhöhung der Miete auf die ortsübliche Vergleichsmiete zustimmt. Haben Sie eine Index- oder Staffelmiete vereinbart, scheidet eine Mieterhöhung auf die ortsübliche Vergleichsmiete jedoch aus.

Auf die Besonderheiten im öffentlich geförderten Wohnungsbau, können wir an dieser Stelle nicht eingehen.

→ **Formelle Voraussetzungen.** Wie bei Nebenkostenabrechnungen müssen Sie auf die richtigen Absender und Empfänger achten. Darüber hinaus müssen Sie die Mieterhöhung begründen. Begründungsmittel sind ein örtlicher Mietspiegel, die Auskunft aus einer Mietdatenbank, das Gutachten eines öffentlich bestellten und vereidigten Sachverständigen oder die Benennung von mindestens drei vergleichbaren Wohnungen.

Gibt es in Ihrer Gemeinde einen sogenannten qualifizierten Mietspiegel, der Angaben zu Ihrem Mietobjekt enthält, müssen Sie die Angaben daraus Ihrem Mieter auch dann mitteilen, wenn Sie das Mieterhöhungsverlangen auf ein anderes Begründungsmittel, zum Beispiel auf drei Vergleichswohnungen, stützen.

→ **Sperrfrist beachten.** Eine Mieterhöhung ist nur zulässig, wenn die Miete zu dem Zeitpunkt, zu dem sie gelten soll, seit 15 Monaten unverändert war. Im Ergebnis ist demnach eine Mieterhöhung erst ein Jahr nach der letzten Vereinbarung des Mietzinses oder einer Änderung des Mietvertrages zulässig. Für die Einhaltung der Sperrfrist ist es aber unschädlich, wenn die Miete innerhalb des letzten Jahres wegen Modernisierungsmaßnahmen erhöht wurde oder Sie die Betriebskostenvorauszahlungen oder -pauschale erhöht oder ermäßigt haben.

→ **Kappungsgrenze beachten.** Die Miete darf in Gebieten, die durch Verordnung der Landesregierung zu Gebieten mit gefährdeter Wohnraumversorgung erklärt wurden, in drei Jahren nicht um mehr als 15 Prozent erhöht werden. In allen anderen Gebieten darf sie innerhalb von drei Jahren nicht um mehr als 20 Prozent erhöht werden.

Mieterhöhungen wegen durchgeführter Modernisierungsmaßnahmen oder Anpassung von Betriebskostenvorauszahlungen oder -pauschalen bleiben bei der Berechnung der Kappungsgrenze unberücksichtigt.

AUSFÜLLHINWEIS

→ S. 135

Formular I Mieterhöhung

Sie müssen sich für eines der im Formular vorgesehenen Begründungsmittel für die Mieterhöhung entscheiden dieses ankreuzen.

Mietspiegel. Wenn ein Mietspiegel existiert, können Sie auf das Mietspiegelfeld verweisen, das Sie für einschlägig halten.

Vergleichswohnungen. Wollen Sie die Mieterhöhung mit Vergleichswohnungen begründen, achten Sie bitte darauf, dass diese vermietet und tatsächlich hinsichtlich Lage, Ausstattung, Baualter, Größe vergleichbar sind. Geben Sie die Wohnungen korrekt in der Tabelle im Formular an, sodass Ihr Mieter sie identifizieren kann. Die Miete der Wohnungen sollte mindestens so hoch sein wie die von Ihnen verlangte neue Miete und in den letzten vier Jahren geändert oder vereinbart worden sein. Beachten Sie, dass Netto- und Bruttomieten nicht ohne Umrechnung vergleichbar sind (siehe „Bruttomiete").

Gutachten und Auszug aus Mietdatenbank. Wenn Sie die erhöhte Miete mit einem Gutachten oder mit dem Auszug aus der Mietdatenbank begründen, müssen Sie das Gutachten oder den Auszug in Kopie beifügen.

Qualifizierter Mietspiegel. Existiert in Ihrer Gemeinde ein qualifizierter Mietspiegel, müssen Sie die im Formular für den qualifizierten Mietspiegel vorgesehenen Angaben auch dann machen, wenn Sie die Mieterhöhung mit drei Vergleichsmieten, einem Auszug aus der Mietdatenbank oder einem Gutachten begründen.

Bruttomiete. Die Mietspiegel weisen in der Regel Nettokaltmieten aus. Auch unser Formular ist für eine Nettokaltmiete konzipiert und einen Mietspiegel, der eine Nettomiete ausweist.

Haben Sie eine Bruttomiete vereinbart, müssen Sie die im Mietspiegel ausgewiesene Nettomiete in eine Bruttomiete umrechnen, damit das Mieterhöhungsverlangen wirksam ist. Dazu müssen Sie eine Aufstellung über die zuletzt ermittelten Betriebskosten für die Wohnung beifügen, aus der sich die anteiligen Betriebskosten pro Quadratmeter ergeben, und die Betriebskosten pro Quadratmeter dem Mietspiegelwert hinzuaddieren. Diese Umrechnung müssen Sie im Mieterhöhungsverlangen nachvollziehbar erläutern. Ergibt der Mietspiegel zum Beispiel einen Nettowert von 6,50 Euro pro Quadratmeter und haben Sie die anteiligen Betriebskosten mit 1,95 Euro pro Quadratmeter ermittelt, ergibt sich eine ortsübliche (Brutto-)Vergleichsmiete von 8,45 Euro pro Quadratmeter. Falls Sie die Erhöhung einer Bruttomiete mit einer Umstellung auf eine Nettomiete verbinden, wäre das Mieterhöhungsverlangen unwirksam.

Kappungsgrenze. Erkundigen Sie sich, ob die jeweilige Landesregierung eine Verordnung zur Kappungsgrenze erlassen hat. Wenn ja, müssen Sie die Kappungsgrenze von 15 Prozent beachten und im Formular ankreuzen. In allen anderen Fällen gilt die Kappungsgrenze von 20 Prozent, die Sie dann bitte ankreuzen.

Frist für die Zustimmung. Der Mieter hat eine Überlegungsfrist bis zum Ende des zweiten Monats, der auf den Zugang des Mieterhöhungsverlangens folgt. Geht es ihm also am 31. August 2020 zu, müssen Sie in das Formular eintragen, dass der Mieter gebeten wird, bis zum 31. Oktober 2020 zuzustimmen. Um dem Mieter die Zustimmung zu erleichtern, empfehlen wir, eine Kopie des Mieterhöhungsverlangen mit an den Mieter senden, auf der er seine Zustimmung erklären kann.

→ **Ortsübliche Vergleichsmiete einhalten.** Die neue Miete darf nicht höher sein als die ortsübliche Vergleichsmiete. Die ortsübliche Vergleichsmiete ist allerdings nicht die Miete, die Sie bei einer Neuvermietung erzielen könnten. Vielmehr wird sie aus den üblichen Mieten für vergleichbare Wohnungen gebildet, die in den letzten sechs Jahren vereinbart oder geändert wurden.

In vielen Städten und Gemeinden lässt sich diese ortsübliche Miete einem Mietspiegel entnehmen. Bei einem Mietspiegel, der nach wissenschaftlichen Grundsätzen erstellt und von der Gemeinde oder von den Interessenvertretern der Vermieter und Mieter anerkannt wurde (qualifizierter Mietspiegel), wird sogar vermutet, dass er die ortsübliche Vergleichsmiete zutreffend wiedergibt, wenn er in den letzten vier Jahren erstellt und innerhalb der letzten zwei Jahre der Preisentwicklung angepasst wurde.

Die Gerichte entnehmen aber auch einem einfachen Mietspiegel häufig die ortsübliche Vergleichsmiete.

Gibt es keinen Mietspiegel, wird das zuständige Gericht die ortsübliche Vergleichsmiete durch ein kostenintensives Gutachten ermitteln lassen, wenn Sie sich nicht mit Ihrem Mieter einigen können. Häufig stehen dabei die Kosten dafür in keinem angemessenen Verhältnis zu dem Erhöhungsbetrag.

→ **Zustimmung des Mieters erforderlich.** Sind diese Voraussetzungen erfüllt, ist der Mieter verpflichtet, der Mieterhöhung zuzustimmen. Ohne seine Zustimmung tritt die Mieterhöhung nicht ein, vielmehr müssen Sie den Mieter auf die Zustimmung verklagen. Allerdings kann die mehrmalige vorbehaltlose Zahlung der erhöhten Miete als Zustimmung zu werten sein.

Für den Fall, dass der Mieter die Zustimmung nicht fristgerecht erteilt (siehe „Ausfühlhinweis Mieterhöhung“, S. 56), müssen Sie innerhalb von drei Monaten ab dem Zeitpunkt, bis zu dem der Mieter der Mieterhöhung hätte zustimmen müssen, Klage beim zuständigen Amtsgericht erheben. Halten Sie diese Frist nicht ein, tritt die Mieterhöhung nicht ein. Möchten Sie die Mieterhöhung dennoch durchsetzen, müssen Sie ein neues Mieterhöhungsverlangen an den Mieter richten.

Praxistipp: Wir empfehlen, den Kontakt mit dem Mieter zu suchen, bevor Sie Klage erheben, um zu prüfen, ob eine einvernehmliche Lösung möglich ist. Das gilt insbesondere, wenn kein Mietspiegel besteht. Die Kosten eines Rechtsstreits stehen häufig nicht in einem angemessenen Verhältnis zur gewünschten Mieterhöhung.

Mieterhöhung bei Indexmiete

Wenn Sie eine Indexmiete vereinbart haben, können Sie die Miete entsprechend der Steigerung des Preisindex für die Lebenshaltung aller privaten Haushalte erhöhen, wenn die Miete seit einem Jahr unverändert ist.

Die Mieterhöhung muss in Textform erfolgen. Im Schreiben müssen Sie die erhöhte Miete oder den Erhöhungsbetrag sowie die eingetretene Änderung des Verbraucherpreisindex (VPI) angeben. Die Mieterhöhung tritt mit Beginn des zweiten Monats ein, der auf den Zugang des Mieterhöhungsschreibens folgt. Einer Zustimmung des Mieters bedarf es in diesem Fall nicht. Sie können dafür das Formular J „Erhöhung der Indexmiete“ nutzen. Den Ausfüllhinweis dazu finden Sie auf der folgenden Seite.

Bitte beachten Sie, dass Sie bei Vereinbarung einer Indexmiete die Entwicklung des Verbraucherpreisindex beobachten müssen. Das ist ein gewisser Aufwand. Erfahrungsgemäß wird dies häufig nicht beachtet. Zudem bleibt die Entwicklung des Ver-

AUSFÜLLHINWEIS

→ S.137

Formular J Erhöhung der Indexmiete

Verbraucherpreisindex einsehen. Den Verbraucherpreisindex (VPI) können Sie auf der Website des Statistischen Bundesamts destatis.de unter der Rubrik „Verbraucherpreisindizes – Tabellen" einsehen.

Miete berechnen. Die neue Miete berechnen Sie nach der Formel:
Alte Miete mal VPI neu geteilt durch VPI alt.
Das Statistische Bundesamt passt den Verbraucherpreisindex zurzeit jeweils in der Weise an, dass der Stand von 2015 mit 100 angeben wird. Der Stand 2015 = 100 ist also die derzeit vom Statistischen Bundesamt verwendete Bezugsgröße. In einigen älteren Mietverträgen wird noch auf den Stand 2010 = 100 oder 2000 = 100 abgestellt, was Sie umrechnen müssen. Wichtig ist nur, dass jeweils die gleiche Bezugsgröße verwendet wird.
Beispiel: Sie haben im Januar 2015 eine Miete von 800 Euro vereinbart. Den Tabellen des Statistischen Bundesamtes entnehmen Sie, dass der Verbraucherpreisindex (VPI) für den Monat Januar 2015 bezogen auf das Basisjahr 2015 98,5 (VPI alt) betrug. Im Januar 2019 betrug der Verbraucherpreisindex nach den Angaben des Statistischen Bundesamtes bezogen auf das Basisjahr 2015 103,4 (VPI neu).
Die neue Miete berechnet sich demnach wie folgt: 800 Euro (alte Miete) mal 103,4 (VPI neu) geteilt durch 98,5 (VPI alt) = 839,80 Euro

Betriebskosten. Wenn Sie eine Nettomiete mit Heiz- und Warmwasserkostenvorschüssen und Betriebskostenvorschüssen oder eine Betriebskostenpauschale vereinbart haben, kreuzen Sie bitte „Nettomiete" an; wenn Sie eine Bruttomiete vereinbart haben und der Mieter nur Heiz- und Warmwasserkostenvorauszahlungen leistet, kreuzen Sie im Formular bitte „Bruttomiete" an.

braucherpreisindex vor allem in den großen Städten zurzeit deutlich hinter der Entwicklung der ortsüblichen Vergleichsmiete zurück, sodass die Nachteile einer Indexmiete deren Vorteile häufig überwiegen.

Mieterhöhung wegen Modernisierungsmaßnahmen

Haben Sie als Vermieter Modernisierungsmaßnahmen durchgeführt, sind Sie nach Abschluss der Maßnahmen berechtigt, die jährliche Miete um 8 Prozent der aufgewandten Kosten zu erhöhen. Zu den aufgewandten Kosten gehören alle Kosten, die im Zusammenhang mit der Modernisierungsmaßnahme anfallen, also auch Aufwendungen der Mieter durch die Modernisierung, die Sie ihnen erstattet haben, sowie Baunebenben- und Planungskosten. Jedoch müssen Sie die Kosten für Erhaltungsmaßnahmen, die ohne die Modernisierung erforderlich gewesen wären, von den Kosten abziehen.

Kosten, die der Mieter (oder für ihn ein Dritter) erstattet hat oder die aus öffentlichen Zuschüssen gedeckt werden, bleiben bei der Berechnung der Mieterhöhung außer Ansatz. Zinsermäßigungen aus öffentlichen Haushalten verringern den Erhöhungsbetrag entsprechend.

Nicht über 3 Euro pro Quadratmeter mehr

Wegen Modernisierungsmaßnahmen darf die Miete in sechs Jahren um maximal 3 Euro pro Quadratmeter erhöht werden. Betrug die Miete vor Beginn der Modernisierungsmaßnahme weniger als 7 Euro pro Quadratmeter, darf sie nicht um mehr als 2 Euro pro Quadratmeter erhöht werden.

Härteeinwand gegen die Erhöhung bei Modernisierung

Der Mieter muss die Mieterhöhung allerdings nicht akzeptieren, wenn sie für ihn eine nicht zu rechtfertigende Härte darstellen würde. Wann eine solche Härte vorliegt, lässt sich nicht pauschal beantworten, sondern bedarf immer einer Abwägung aller Umstände des Einzelfalls. Der Härteeinwand gilt jedoch im Allgemeinen als begründet, wenn dem Mieter unter der Berücksichtigung des Erhöhungsbetrags das steuerfrei zu stellende Existenzminimum nicht mehr gewährleistet ist.

Wird das Mietobjekt lediglich in einen allgemein üblichen Zustand versetzt (zum Beispiel wenn bei einer Wohnung mit Ofenheizung eine Zentralheizung eingebaut wird) oder ist der Vermieter zur Durchführung der Maßnahmen gezwungen, zum Beispiel weil sich baurechtliche Bestimmungen geändert haben, bleibt der Härteeinwand unberücksichtigt.

Sie müssen den Härteeinwand auch nicht berücksichtigen, wenn der Einwand durch den Mieter nicht spätestens zum Ende des Monats, der auf den Zugang der Modernisierungsankündigung folgt, bei Ihnen eingegangen ist, obwohl Sie den Mieter ordnungsgemäß über die nötige Form und die Frist belehrt haben.

Fehlt die Belehrung, muss der Härteeinwand spätestens bei Beginn der Baumaßnahme erhoben werden.

Liegt allerdings die Mieterhöhung um 10 Prozent über der ursprünglich angekündigten Mieterhöhung, kann der Mieter den Härteeinwand noch nach Abschluss der Modernisierungsmaßnahme erheben – auch wenn er auf die Frist für den Härteeinwand ordnungsgemäß hingewiesen wurde.

Kein Härteeinwand beim vereinfachten Verfahren

Der Mieter kann den Härteeinwand jedoch nicht erheben, wenn Sie eine Modernisierungsmaßnahme im „vereinfachten Verfahren" durchführen und dies bereits in der Modernisierungsankündigung und im Schreiben zur Mieterhöhung angegeben haben.

Das vereinfachte Verfahren ist nur zulässig, wenn die Kosten der Maßnahme einschließlich der Kosten für erforderliche Erhaltungsmaßnahmen je Wohnung 10 000 Euro nicht übersteigen. Dabei sind die Kosten von Modernisierungsmaßnahmen in den letzten fünf Jahren anzurechnen, soweit die Miete wegen dieser Kosten erhöht wurde.

Nachteil ist, dass anschließend für fünf Jahre nach Zugang der Mieterhöhung weitere Mieterhöhungen wegen Modernisierungsmaßnahmen grundsätzlich ausgeschlossen sind. Der Vorteil besteht darin, dass der Härteeinwand nicht berücksichtigt wird und in der Modernisierungsankündigung die voraussichtlichen künftigen Betriebskosten nicht angegeben werden müssen. Die Kosten für Erhaltungsmaßnahmen, die ohne die Modernisierung erforderlich gewesen wären, können mit 30 Prozent der Gesamtkosten in Ansatz gebracht werden. **Beispiel:** Tauschen Sie alte instandsetzungsbedürftige Doppelkastenfenster gegen moderne Isolierglasfenster aus, können Sie die Kosten für die Instandsetzung der alten Fenster pauschal mit 30 Prozent der Kosten für die neuen Fenster ansetzen, während Sie sonst bei einer Mieterhöhung die genauen Kosten für die Instandsetzung der alten Fenster von den umzulegenden Modernisierungskosten abziehen müssten. Und diese sind unter Umständen schwer zu ermitteln.

Ferner müssen Sie Zinsvergünstigungen aus öffentlichen Darlehen nicht vom Mieterhöhungsbetrag abziehen.

Die Mieterhöhung geltend machen

Die Mieterhöhung müssen Sie in Textform geltend machen und erläutern, wie sie sich aufgrund der entstandenen Kosten berechnet. Dazu gehört auch, dass Sie die ersparten Kosten für Erhaltungsmaßnahmen angeben und erläutern, warum es sich um eine Modernisierungsmaßnahme gehandelt hat.

Wenn Sie vom vereinfachten Verfahren Gebrauch machen, müssen Sie dies in der Erhöhungserklärung ebenfalls angeben. Die Erleichterung besteht jedoch darin, dass Sie die ersparten Kosten für Erhaltungsmaßnahmen pauschal mit 30 Prozent der für die Modernisierungsmaßnahme anfallenden Kosten angeben können, ohne eine genaue Berechnung der fiktiven Kosten für die Erhaltungsmaßnahme vorlegen zu müssen.

Die Mieterhöhung tritt dann mit Beginn des zweiten Monats ein, der auf den Zugang der Erklärung folgt. Eine Ausnahme gilt, wenn die Höhe der zu erwartenden Mieterhöhung in der Modernisierungsankündigung nicht mitgeteilt wurde oder diese mehr als 10 Prozent über dem angekündigten Betrag liegt. Dann tritt die Mieterhöhung erst sechs Monate später ein.

Probleme mit dem Mieter lösen

Vor jedem Streit mit Mietern sollten Sie gut überlegen, ob er sich lohnt. Manchmal erspart ein vergleichsweise geringfügiges Entgegenkommen jahrelange Gerichtsprozesse. Lässt sich Streit nicht vermeiden, sollte er professionell geführt werden.

Der Mieter möchte die Wohnung untervermieten, eine Wand versetzen, zwei Hunde in dem kleinen Apartment halten oder hat Streit mit den Nachbarn, weil er nachts lautstark Musik hört. Was darf er, wofür braucht er Ihre Einwilligung und was können Sie tun, wenn es zu Streit kommt? Hier erhalten Sie einen Überblick über die Punkte, die häufig zu Konflikten zwischen Mietern und Vermietern führen.

Untervermietung

Für eine Untervermietung an Dritte benötigt der Mieter die Zustimmung des Vermieters, soweit ihm das Recht nicht vertraglich ausdrücklich eingeräumt wurde. Diese müssen Sie erteilen, wenn der Mieter ein nachvollziehbares Interesse an der Untervermietung darlegen kann. Das kann eine kurzfristige Tätigkeit des Mieters im Ausland sein, die Pflegebedürftigkeit eines Verwandten ebenso wie das vorübergehende Studium an

CHECKLISTE

So gehen Sie bei Vertragsverstößen vor

1. **Gespräch suchen.** Sollte der Mieter gegen den Mietvertrag verstoßen, zum Beispiel weil er die Miete nicht vollständig zahlt, die Wohnung ohne Erlaubnis untervermietet oder ohne Ihre Erlaubnis Einbauten anbringt, sollten Sie zunächst überlegen, ob die Angelegenheit durch ein Gespräch bereinigt werden kann.

2. **Schreiben verfassen.** Erscheint dies nicht aussichtsreich, sollten Sie den Mieter schriftlich und nachweislich auf die Einhaltung seiner Pflichten hinweisen. Dafür sollten Sie ihm eine Frist (im Regelfall zwei Wochen) setzen.

3. **Abmahnen.** Sie können in dem Schreiben bereits eine Abmahnung erteilen. Wenn Ihnen diese Eskalation noch nicht geboten erscheint, können Sie die Abmahnung auch später in einem gesonderten Schreiben nachholen.

4. **Kündigung erteilen.** Ändert der Mieter sein Verhalten auch nach der Abmahnung nicht, kommt eine (fristlose) Kündigung des Mietverhältnisses in Betracht (mehr dazu siehe „Der Vermieter kündigt“, S. 70).

einem anderen Ort. Auch wenn der Mieter aus finanziellen Gründen untervermieten möchte, kann dies ein berechtigtes Interesse sein. In allen Fällen muss das berechtigte Interesse des Mieters nach Abschluss des Mietvertrags entstanden sein. Auch in diesen Fällen hat er lediglich Anspruch auf die Untervermietung einzelner Räume, nicht der kompletten Wohnung.

Sind diese Voraussetzungen nicht erfüllt, steht die Entscheidung über die Genehmigung der Untervermietung in Ihrem freien Ermessen. Auch wenn der Mieter einen Anspruch auf Ihre Genehmigung hat, können Sie diese von einem angemessenen Untermietzuschlag abhängig machen. Als angemessen werden von den Gerichten in der Regel Beträge von bis zu 20 Prozent der Kaltmiete angesehen.

Wir haben zwei Vordrucke vorbereitet, die Sie nutzen können: „Genehmigung einer Untervermietung“ (K) und „Ablehnung des Antrags zur Untervermietung“ (L) (siehe Übersicht Formularteil, S. 82/83).

Wenn Sie die Untervermietung genehmigen möchten, sollten Sie sich eine Kopie des Ausweises des künftigen Untermieters schicken lassen. In unser Formular tragen Sie dann den oder die künftigen Untermieter mit Name, derzeitiger Anschrift und Geburtsdatum ein.

Bauliche Veränderungen

Möchte der Mieter bauliche Veränderungen vornehmen, die nicht nur geringfügig sind und insbesondere einen Eingriff in die Bausubstanz oder Beeinträchtigungen anderer Mieter zur Folge haben, benötigt er Ihre Zustimmung als Vermieter. Zustimmungsfrei darf er zum Beispiel die übliche Zahl von Löchern bohren, Haken anbringen und gängige Haushaltsgeräte wie Waschmaschine, Trockner und Dunstabzugshaube installieren. Dagegen dürfen Mieter beispielsweise eine Gästetoilette nicht ohne Ihre Genehmigung einbauen.

Mangelanzeige durch den Mieter

Weisen die Wohnung oder das Haus Mängel auf, muss der Mieter dies gemäß § 536c BGB umgehend anzeigen – unabhängig davon, ob er wegen der Mängel die Miete mindern oder andere Ansprüche geltend machen will oder nicht.

Unterlässt er diese Anzeige, ist er dem Vermieter zum Ersatz von Schäden verpflichtet, die dadurch entstanden sind, dass er die Mängel nicht angezeigt hat. Außerdem verliert der Mieter unter Umständen bestimmte Rechte, wie Mietminderung oder Schadensersatz.

Macht der Mieter Ansprüche wegen Mängeln geltend, sollten Sie daher immer auch prüfen, ob er seine Rechte nicht schon wegen Verletzung der Anzeigepflicht (teilweise) verloren hat.

Mindert er die Miete, können Sie unsere Vordrucke nutzen. Wir haben zwei Formulare vorbereitet: das eine können Sie nutzen, um zu bestätigen, dass der Mangel besteht, das andere, wenn der Mangel nicht besteht und Sie den Forderungen des Mieters widersprechen möchten (siehe Formularteil, Übersicht auf S. 82/83).

Haustiere

Die Haustierhaltung sollten Sie bereits im Mietvertrag regeln (Näheres siehe „§ 12 Tierhaltung", S. 31). Klauseln im Mietvertrag, die die Haltung von Katzen oder Hunden pauschal verbieten, sind unwirksam. Haben Sie in Ihrem Vertrag eine unwirksame Regelung oder gar keine, ist im Einzelfall zu prüfen, ob die vom Mieter geplante Tierhaltung zum vertragsgemäßen Gebrauch der Mietsache gehört. Dazu sind Ihre Interessen als Vermieter und die des Mieters sowie der weiteren Beteiligten (zum Beispiel weiterer Mieter des Hauses) umfassend abzuwägen. Dabei sind insbesondere Art, Größe, Verhalten und Anzahl der Tiere, Art, Größe, Zustand und Lage der Wohnung und berechtigte Interessen der Mitbewohner und Nachbarn zu berücksichtigen.

Eine Rolle spielt, wie ein Vermieter das bisher gehandhabt hat, ob dieser zum Beispiel ähnliche Tiere in der Vergangenheit zugelassen hat. Auch besondere Bedürfnisse des Mieters, zum Beispiel Krankheiten, können einen Anspruch auf eine Haltung eines bestimmten Tieres begründen.

Nicht dulden müssen Sie als Vermieter Substanzverletzungen der Immobilie, Verstöße gegen das Tierschutzgesetz oder nennenswerte Beeinträchtigungen anderer Mieter durch die Tierhaltung.

Bei Problemen widerrufen

Sie können eine Genehmigung widerrufen, wenn sich später herausstellt, dass es zu Belästigungen oder Gefährdungen der anderen Mieter oder des Mietobjekts gekommen ist oder sich sonstige wesentliche Bedingungen seit dem Zeitpunkt, zu dem Sie die Erlaubnis erteilt haben, geändert haben.

Wenn Nachbarn streiten

Wenn Sie mehrere Wohnungen vermieten und Ihre Mieter untereinander in Streit geraten, kann dies zu Ansprüchen eines Mieters (Mietminderung, Zurückbehaltungsrecht, Schadensersatz) gegen Sie führen, falls Sie untätig bleiben. Umgekehrt sollten Sie sich bei der Ausübung Ihrer Rechte (Abmahnung, Kündigung, Schadensersatz) nicht einseitig ohne vorherige Ermittlung die Version eines beteiligten Mieters zu eigen machen. Lassen Sie sich in jedem Fall entsprechende Behauptungen der Mieter schriftlich geben, bevor Sie aktiv werden. Manchmal lösen sich solche Probleme auch durch bloßen Zeitablauf, etwa weil einer der Mieter auszieht.

Problemzone Hausflur

Achten Sie darauf, dass im Hausflur die Sicherheitsbestimmungen eingehalten werden. Schnell werden hier Fluchtwege durch Schuhregale oder andere unzulässige Mieternutzungen versperrt. Wenn Sie einem Mieter Sonderrechte gestatten, müssen Sie davon ausgehen, dass auch die anderen Mieter bald entsprechende Ansprüche geltend machen.

Schwierigkeiten machen häufig Kinderwagen und Fahrräder. Hier reicht der vorhandene Platz für eine vernünftige Lösung in vielen Häusern nicht aus. Streit ist programmiert. Lassen Sie den Dingen nicht ihren Lauf, sondern versuchen Sie aktiv, Abhilfe zu schaffen.

Soweit im Hausflur oder auf Gemeinschaftsflächen ein Rauchverbot besteht, sollten Sie dieses im Interesse der nichtrauchenden Nachbarn auch durchsetzen. Lassen Sie Mietern das Rauchen im Flur erst einmal durchgehen, ist es schwer, dies wieder abzustellen.

Wenn der Mieter nicht zahlt

Zahlt der Mieter die Miete nicht vollständig oder unpünktlich, sollten Sie gut abwägen, wie Sie weitervorgehen.

Wenn der Mieter die Miete nicht zahlt, ist das für Sie als Vermieter immer eine schwierige Situation. Wie Sie darauf reagieren können, hängt von den jeweiligen Umständen ab. Typischerweise lassen sich bei ausstehenden Mietzahlungen drei verschiedene Fallgruppen unterscheiden: Der Mieter kann nicht zahlen, er will nicht zahlen oder ein Dritter zahlt nicht.

Der Mieter kann nicht zahlen

Kann der Mieter die Miete nicht zahlen, sollten Sie genauer untersuchen, warum dies der Fall ist. Handelt es sich um vorübergehende Engpässe eines jahrelang zuverlässigen Mieters, kann es sinnvoll sein, ihm entgegenzukommen. Ist seine finanzielle Notlage auf die Corona-Krise zurückzuführen, gelten besondere Regelungen (siehe „Besonderheiten durch Corona“, S. 73).

In allen anderen Fällen sollten Sie als Vermieter alle zur Verfügung stehenden Mittel (insbesondere Abmahnung, Kündigung, Räumungsklage und Räumungsvollstreckung) effektiv einsetzen, um den Mieter so schnell wie möglich loszuwerden. Es dauert immer noch lange genug und der Mietausfallschaden lässt sich oft nicht vermeiden, allenfalls begrenzen. Das gilt jedenfalls, wenn der Mieter dauerhaft zahlungsunfähig erscheint.

AUSFÜLLHINWEIS

→ S. 149

Formular O Abmahnung wegen unpünktlicher Mietzahlung

Füllen Sie das Formular sorgfältig aus, damit Sie im Falle späterer Streitigkeiten nicht in Widersprüche geraten.

Das Datum der fälligen Miete entnehmen Sie dem Mietvertrag. In der Regel wird es der dritte Werktag eines jeden Monats sein. Im Prinzip müssen Sie dem Mieter keine Frist für die Zahlung der überfälligen Miete setzen, da er sich bereits im Verzug befindet. Wir empfehlen trotzdem eine mindestens einwöchige Frist.

Der Mieter will nicht zahlen

Will der Mieter die Miete nicht (vollständig) zahlen, kann dies verschiedene Ursachen haben. Vielleicht hält der Mieter die Miete für unzulässig hoch (zum Beispiel wegen Verstoßes gegen die Mietpreisbremse), vielleicht meint er auch, die Miete sei wegen Mietmängeln gemindert.

In diesen Fällen empfiehlt es sich, zunächst eine rechtliche Bewertung der Situation vorzunehmen, beziehungsweise einen Anwalt damit zu beauftragen. Sollte die Kürzung der Miete (teilweise) unberechtigt sein, sollten Sie als Vermieter zunächst überlegen, wo die Reise hingehen soll. Wer den Mieter loswerden will, wird sein Kündigungsrecht prüfen (lassen). Wem es in erster Linie oder ausschließlich um die Mietzahlungen geht, der sollte die Mietdifferenz anmahnen, eine Frist setzen und dann gegebenenfalls einklagen.

Ein Dritter zahlt nicht

Manchmal entsteht der Mietrückstand auch, weil ein Dritter, zum Beispiel die Bundesagentur für Arbeit oder das Jobcenter, seine Zahlungen nicht leistet. Hier ist besondere Eile geboten. Die betreffenden Mieter sind häufig wenig zahlungsfähig und die Ämter übernehmen Rückstände nicht so ohne Weiteres. Manchmal stellen die jeweiligen Behörden die Zahlungen auch als Sanktion für den Mieter bewusst ein. Zwar muss sich der Mieter ein Verschulden des Jobcenters oder einer anderen zuständigen Behörde nicht in allen Fällen zurechnen lassen. Er muss aber nachweisen, dass er sich darum gekümmert hat, dass die Behörde die Miete rechtzeitig zahlt.

Auch ohne Verschulden des Mieters kann die Kündigung gerechtfertigt sein, wenn es wiederholt zu verspäteten Mietzahlungen gekommen ist und es dem Vermieter deshalb nicht zuzumuten ist, am Mietverhältnis festzuhalten, zum Beispiel weil er selbst auf den pünktlichen Eingang der Mieten angewiesen ist.

So gehen Sie vor

Egal aus welchen Gründen die Miete nicht vollständig auf Ihrem Konto eingeht: Sie als Vermieter können sie einklagen. Sie sind nicht verpflichtet, die Mietsicherheit zum Ausgleich der Mietforderung heranzuziehen. Bevor Sie eine Kündigung aussprechen, empfiehlt es sich, den Mieter abzumahnen.

In der Abmahnung sollten Sie die Mietrückstände genau aufführen, dem Mieter eine Frist (in der Regel zwei Wochen) zur Zahlung setzen und ihm für den Fall, dass er nicht oder nicht pünktlich zahlt, die (fristlose) Kündigung des Mietverhältnisses androhen. Das entsprechende Formular O „Abmahnung wegen unpünktlicher Mietzahlung" finden Sie im Serviceteil, siehe Übersicht S. 82/83.

Wenn Vertragsparteien wechseln

Bei einem Verkauf der Wohnung, wenn Mieter sich trennen oder ein Mieter stirbt, wechseln die Vertragsparteien. Dann sind einige Dinge zu beachten.

Oft kommt es vor, dass während des Mietverhältnisses die Vertragsparteien wechseln. Das ist natürlich der Fall, wenn Sie die Immobilie verkaufen. Die Parteien wechseln aber auch, wenn ein Mieter aus dem Vertrag ausscheidet, weil sich beispielsweise ein Paar trennt, oder wenn ein Mieter stirbt. Hier erfahren Sie, worauf es dann ankommt.

Wenn die Mieter sich trennen oder scheiden lassen

Wenn sich ein Paar, das gemeinsam in Ihrem Mietobjekt lebt, trennt oder scheiden lässt, gilt grundsätzlich der Mietvertrag weiter. Sind dort beide als Mieter aufgeführt, gilt dies zunächst auch nach der Trennung und auch, wenn einer der beiden auszieht. Beide haften für die Mietzahlungen. Sie können sich aussuchen, wen Sie in Anspruch nehmen. Eine Kündigung nur eines Mieters ist unwirksam, vielmehr müssen alle Mieter das Mietverhältnis gemeinsam kündigen. Es besteht auch kein Anspruch der Mieter darauf, dass Sie mit einem der Partner das Mietverhältnis fortsetzen oder gar den neuen Partner aufnehmen.

Lassen sich Eheleute scheiden, kann es zu Besonderheiten kommen. Häufig verlangt ein Ehegatte vom anderen die Überlassung der Ehewohnung. Ist sich das Paar einig und teilt es dem Vermieter gemeinsam mit, wer in der Wohnung bleibt, führt dies dazu, dass mit Zugang der Mitteilung das Mietverhältnis nur noch mit dem entsprechenden Ehegatten besteht. Streitet sich das Paar darum, wer in der Wohnung bleiben kann, kann auch eine rechtskräftige gerichtliche Endentscheidung im Wohnungszuweisungsverfahren dazu führen, dass nur einer der beiden weiter im Mietvertrag bleibt.

In beiden Fällen steht dem Vermieter das außerordentliche Kündigungsrecht nach § 1568a Abs. 3 Satz 2 in Verbindung mit § 563 Abs. 4 BGB zu. Hier ist jedoch Eile geboten: Das Kündigungsrecht muss der Vermieter innerhalb eines Monats nach Zugang der gemeinsamen Mitteilung der Ehegatten oder nach Kenntnis der gerichtlichen Zuweisung ausüben. Ferner ist erforderlich, dass für den Vermieter ein wichtiger Grund in der Person desjenigen vorliegt, der das Mietverhältnis fortsetzen soll. Das könnte der Fall sein, wenn feststeht, dass sich der verbleibende Mieter die Wohnung allein nicht leisten kann.

Einen Mieter aus dem Mietverhältnis entlassen

Sollten die Mieter mit der Bitte an Sie herantreten, einen der Mieter aus dem Mietverhältnis zu entlassen – beispielsweise weil ein Partner auszieht –, können Sie diesem Wunsch freiwillig nachkommen.

Dann empfiehlt es sich, hierfür eine Aufhebungsvereinbarung mit dem austretenden und dem verbleibenden Mieter abzuschließen (siehe „Eine Mietaufhebungsvereinbarung schließen“, S. 75).

Hierbei müssen alle Beteiligten des bisherigen Mietverhältnisses mitwirken. Andernfalls bleibt den Mietern nur die gemeinsame Kündigung des Mietverhältnisses. Sie als Vermieter können dann frei entscheiden, ob und mit wem Sie das Mietverhältnis fortsetzen möchten.

Wenn ein Mieter stirbt

Stirbt ein Mieter, wird das Mietverhältnis mit den verbleibenden Mietern fortgeführt. Besonderheiten sind nur zu beachten, wenn es keinen weiteren Mieter gibt. Dann kann es sein, dass Dritte in das Mietverhältnis eintreten. Gemäß § 563 Abs. 1 BGB tritt ein Ehegatte oder Lebenspartner, der mit dem Mieter einen gemeinsamen Haushalt führt, in das Mietverhältnis des verstorbenen Mieters ein. Wenn weder Ehegatte noch Lebenspartner eintreten, aber Kinder des Mieters im gemeinsamen Haushalt leben, treten diese in das Mietverhältnis ein (§ 563 Abs. 2 Satz 1 BGB). Auch andere Familienangehörige oder Personen, die mit dem verstorbenen Mieter einen auf Dauer angelegten gemeinsamen Haushalt führten, treten in das Mietverhältnis ein.

Alle genannten Personen haben das Recht, innerhalb eines Monats nach ihrer Kenntnis vom Tod des Mieters, gegenüber dem Vermieter zu erklären, dass sie nicht anstelle des verstorbenen Mieters in das Mietverhältnis eintreten möchten. Gleichzeitig kann der Vermieter innerhalb eines Monats nach seiner Kenntnis über einen Eintritt der oben aufgeführten Personen in das Mietverhältnis außerordentlich kündigen. Das gilt aber nur, wenn ein wichtiger Grund in der Person des Eingetretenen vorliegt, zum Beispiel weil dieser offensichtlich nicht in der Lage ist, die Miete zu bezahlen.

Wenn das Mietverhältnis nicht mit einer der oben aufgeführten Personen auf Mieterseite fortgeführt wird, treten die Erben des Mieters in das Mietverhältnis ein. In diesem Fall kann sowohl der Erbe als auch der Vermieter das Mietverhältnis innerhalb eines Monats außerordentlich mit der gesetzlichen Frist kündigen. Die Frist läuft ab der Kenntnis vom Tod des Mieters und der Kenntnis davon, dass Personen, die mit dem Mieter einen gemeinsamen Haushalt geführt haben, nicht in das Mietverhältnis eintreten oder es fortsetzen.

Wichtig: Als Vermieter brauchen Sie gegenüber Erben, die nicht mit dem Verstorbenen in der Wohnung gelebt haben, keinen besonderen Grund für die Kündigung wie beispielsweise Eigenbedarf. Möglicherweise kann der Erbe der Kündigung aber eine besondere soziale Härte entgegenhalten, etwa weil ihm kein angemessener Ersatzwohnraum zur Verfügung steht.

Klarheit verschaffen

Sofern für Sie als Vermieter nicht erkennbar ist, ob ein Erbe in das Mietverhältnis mit dem verstorbenen Mieter eingetreten sein könnte, sollten Sie sich zeitnah Klarheit verschaffen. Dazu können Sie sich zum Beispiel an den Nachlassverwalter beziehungsweise das zuständige Amtsgericht wenden.

Wenn die Immobilie verkauft wird

Wenn die Immobilie verkauft wird, vollzieht sich gemäß § 566 BGB auch ein Wechsel auf Vermieterseite. Der Käufer tritt mit Eintrag seines Eigentums im Grundbuch in die Vermieterposition ein. Damit tritt er in alle Rechte und Pflichten des Verkäufers ein. Das gilt unabhängig davon, ob ihm diese bekannt sind. Käufer von vermieteten Immobilien sollten also vorab umfassende Kenntnisse über die rechtlichen Verhältnisse einholen und sich entsprechende Angaben gegebenenfalls im notariellen Kaufvertrag bestätigen lassen.

Häufig will der Käufer schon vor seiner Eintragung als neuer Eigentümer im Grundbuch die Miete erhalten, Mieterhöhungen geltend machen oder das Mietverhältnis beenden. Der notarielle Kaufvertrag sollte daher eine entsprechende Ermächtigung des Verkäufers enthalten, dass der Käufer nach dem Nutzen-/Lastenwechsel für ihn alle Erklärungen gegenüber dem Mieter abgeben darf. Außerdem sollte geregelt werden, wer für die Nebenkostenabrechnung zuständig ist. Gegebenenfalls sollte der Kaufvertrag auch eine Abtretung der Mietansprüche für die Zeit nach dem Nutzen-/Lastenwechsel an den Käufer enthalten. Verlassen Sie sich nicht auf den schriftlichen Mietvertrag, denn dieser kann später mündlich abgeändert worden sein.

Als Verkäufer einer vermieteten Immobilie sollten Sie den Mieter so bald als möglich vom Verkauf unterrichten, da Sie unter Umständen sonst für Vertragsverletzungen des Käufers gegenüber dem Mieter weiter haften. Auch sollten Sie darauf achten, dem Mieter genau mitzuteilen, ab wann er die Miete an den neuen Vermieter zahlen muss und auf welches Konto. Diese Erklärung sollten Verkäufer und Käufer einheitlich und nachweisbar abgeben.

Auch darüber, wie mit der vom Mieter geleisteten Mietsicherheit verfahren werden soll, sollte zwischen den Vertragsparteien (am besten im notariellen Kaufvertrag) Klarheit geschaffen werden. Der Mieter kann die Kaution beim Auszug vom Käufer zurückverlangen. Das gilt auch dann, wenn der Käufer diese vom Verkäufer gar nicht erhalten hat. Als Käufer sollten Sie sich daher absichern. Aber auch der Verkäufer haftet, wenn der Käufer die Mietsicherheit nicht an den Mieter zahlen kann.

Das Miet-verhältnis beenden

In den allermeisten Fällen wird das Mietverhältnis enden, weil der Mieter es kündigt. Dann geht es vor allem darum, die Wohnungsübergabe möglichst reibungslos zu gestalten und am Ende die Kaution richtig abzurechnen.

Schwieriger wird es, wenn Sie dem Mieter kündigen möchten, zum Beispiel wegen Eigenbedarfs oder womöglich, weil er die Miete nicht zahlt. Dann ist es wichtig, dass Sie alles formal richtig machen. Auch für solche Fälle finden Sie in diesem Kapitel Rat.

Der Vermieter kündigt

Verhält sich der Mieter vertragswidrig, können Sie als Vermieter ihm relativ einfach kündigen. Ist das nicht der Fall, haben Vermieter nur wenige Kündigungsmöglichkeiten.

Zahlt der Mieter die Miete nicht, bedroht er Sie oder verhält er sich aus anderen Gründen vertragswidrig, können Sie ihm vergleichsweise einfach kündigen. Entweder können Sie ihm außerordentlich fristlos kündigen oder ordentlich unter Einhaltung der Kündigungsfrist. Häufig ist eine Kombination „fristlos, hilfsweise ordentlich" empfehlenswert.

Vertragstreuen Mietern kann ein Vermieter laut § 573 Abs. 1 BGB nur kündigen, wenn ein „berechtigtes Interesse" an der Beendigung des Mietverhältnisses vorliegt. Das bekannteste „berechtigte Interesse" ist der Eigenbedarf des Vermieters. Ein weiterer möglicher Kündigungsgrund ist eine „Verwertungskündigung".

Die Kündigungsgründe sollten im Kündigungsschreiben immer ausführlich erörtert werden. Dabei sind die zugrunde liegenden Tatsachen (zum Beispiel der Eigenbedarf beziehungsweise der Zahlungsrückstand) ausführlich anzugeben.

Schriftform beachten

Bitte beachten Sie, dass die Kündigung schriftlich erfolgen muss. Das Kündigungsschreiben muss deshalb von allen Vermietern unterzeichnet sein, und dem Mieter muss der unterschriebene Brief zugehen. Die Übersendung der Kündigung per Mail oder per Fax wäre nicht wirksam.

Fristen einhalten

Wenn Sie einem vertragstreuen Mieter kündigen, zum Beispiel wegen Eigenbedarfs, müssen Sie immer die ordentliche Kündigungsfrist von (mindestens) drei Monaten einhalten. Wichtig ist, dass die Kündigung dem Mieter spätestens am dritten Werktag des Monats zugegangen sein muss, damit sie zum Ablauf des übernächsten Monats wirksam ist.

Eine Besonderheit nur für den Vermieter ist, dass sich diese Frist nach fünf und acht Jahren seit der Überlassung des Mietobjekts um jeweils drei Monate verlängert. Wohnt ein Mieter also seit über acht Jahren in Ihrer Wohnung, gilt für Sie als Vermieter eine Kündigungsfrist von neun Monaten! Vertraglich kann sogar eine längere Kündigungsfrist vereinbart sein. Dann müssen Sie natürlich diese Frist einhalten.

Für eine außerordentliche fristlose Kündigung bedarf es keiner Frist, dafür aber eines besonders wichtigen Grundes. In der Regel sollte man hier die ordentliche Kündigung hilfsweise erklären.

Kündigung bei Eigenbedarf

Eigenbedarf liegt vor, wenn Sie die Räume für sich oder Ihre Familienangehörigen benötigen. Hierzu gehören beispielsweise Kinder oder Enkel, Eltern oder Großeltern oder Angehörige des Haushalts. Der Eigenbedarf sollte sehr genau begründet werden. Kommt es zu einem Räumungsrechtsstreit, werden nämlich nur die Gründe berücksichtigt, die Sie im Kündigungsschreiben genannt haben. Sie sollten zum Beispiel angeben, warum Sie in die gemietete Wohnung umziehen und mit wie vielen Personen Sie einziehen wollen, damit ein glaubhafter Eindruck Ihres Eigennutzungswunsches entsteht. Allerdings sind Sie frei, auch für eine sehr große Wohnung Eigenbedarf anzumelden, selbst wenn Sie zum Beispiel eine Vier-Zimmer-Wohnung für sich allein nutzen wollen.

Sie können auch kündigen, wenn Sie die Wohnung als Zweitwohnung nutzen möchten, zum Beispiel weil Sie in einer anderen Stadt leben, aber sich regelmäßig vor Ort aufhalten müssen. Nur wenn der Mieter Widerspruch einlegt und soziale Härtegründe geltend macht, kann es von Bedeutung sein, wie dringend Sie auf die Wohnung in dieser Größe angewiesen sind.

Im Falle des Eigenbedarfs empfehlen wir, zunächst eine Eigenbedarfskündigung auszusprechen. Dafür können Sie den Vordruck Q „Kündigung wegen Eigenbedarfs" im Serviceteil nutzen (siehe Übersicht, S. 82/83). Anschließend kann man im Rahmen einer entsprechenden Einigung dem Mieter immer noch entgegenkommen und ihm eine Entschädigung anbieten. Soweit eine Regelung getroffen wird, empfehlen wir Ihnen, unsere „Mietaufhebungsvereinbarung" (U) im Formularteil zu nutzen (siehe „Eine Mietaufhebungsvereinbarung schließen", S. 75).

Wenn Sie das Mietverhältnis über eine Eigentumswohnung wegen Eigenbedarfs kündigen möchten, beachten Sie unbedingt mögliche Sperrfristen (siehe rechts).
Bei Problemen sollten Sie sich anwaltlich beraten lassen.

Verwertungskündigung

Ein weiterer Fall der ordentlichen Kündigung eines vertragstreuen Mieters ist die „Verwertungskündigung". Diese kommt in Betracht, wenn der Vermieter durch das Mietverhältnis an der angemessenen wirtschaftlichen Verwertung des Objekts gehindert ist. Das kann zum Beispiel der Fall sein, wenn das Objekt abrissreif ist und die Miete nicht einmal die laufenden Betriebskosten deckt. Wegen der sehr hohen Anforderungen an die Begründung einer solchen Kündigung, sollten Sie hierfür in jedem Fall einen Anwalt zur Beratung heranziehen.

Sperrfristen beachten

Bewohnt der Mieter eine Eigentumswohnung nach dem Wohnungseigentumsgesetz (WEG), kann die Kündigung wegen Eigenbedarfs oder bei einer Verwertungskündigung wegen der besonderen Kündigungsbeschränkungen nach § 577a BGB für einen bestimmten Zeitraum ausgeschlossen sein („Sperrfrist").

Die Sperrfrist greift, wenn an den vermieteten Wohnräumen nach der Überlassung an den Mieter Wohnungseigentum begründet und das Wohnungseigentum veräußert worden ist. Das heißt, sie greift, wenn der Mieter in die Wohnung eingezogen ist, als das Objekt noch nicht in Wohnungseigentum aufgeteilt war, sondern es sich um ein normales Mehrfamilienhaus handelte. Ist der Mieter in eine Eigentumswohnung eingezogen, nachdem die Wohnung schon vom teilenden Eigentümer verkauft worden war, kann der Mieter sich also nicht auf die Sperrfrist berufen.

Die Sperrfrist beträgt mindestens drei Jahre nach der ersten Veräußerung der Eigentumswohnung, kann aber sogar bis zu zehn Jahre laufen – Letzteres ist zum Beispiel in Berlin der Fall. Ob eine verlängerte Sperrfrist gilt und wie lang diese ist, ergibt sich aus einer entsprechenden Verordnung der jeweiligen Landesregierung. Eine Eigenbedarfskündigung können Sie dann erst nach Ablauf der Sperrfrist erklären. Halten Sie sich nicht daran und erklären die Kündigung vor Ablauf der Frist, ist sie unwirksam.

Wenn Sie im selben Gebäude wohnen wie Ihr Mieter und das Haus nicht mehr als zwei Wohnungen hat, gibt es erleichterte Kündigungsmöglichkeiten. In der Praxis sind das häufig die sogenannten Einliegerwohnungen. Es bedarf dann keines berechtigten Interesses des Vermieters, jedoch verlängert sich dafür die Kündigungsfrist um drei Monate. Im Kündigungsschreiben muss außerdem angegeben werden, dass sich die Kündigung auf das spezielle Kündigungsrecht nach § 573 a Absatz 1 BGB stützt.

Dem Mieter wegen Vertragsverletzung kündigen

Ein berechtigtes Interesse des Vermieters an der Beendigung des Mietverhältnisses liegt auch vor, wenn der Mieter seine vertraglichen Pflichten schuldhaft nicht unerheblich verletzt.

Schon aus strategischen Gründen ist es für Sie als Vermieter ratsam, bei vertragswidrigem Verhalten im Kündigungsschreiben sowohl die außerordentliche fristlose Kündigung als auch hilfsweise die ordentliche Kündigung zum nächstmöglichen Termin zu erklären. Denn dieses vertragswidrige Verhalten des Mieters wird häufig bereits ein wichtiger Grund sein, der zur außerordentlichen fristlosen Kündigung berechtigt (vergleiche § 543 BGB).

Das ist der Fall, wenn Ihnen die Fortsetzung des Mietverhältnisses nicht einmal bis zum Ablauf der Kündigungsfrist oder zur sonstigen Beendigung zumutbar ist, weil der Mieter Ihre Rechte in erheblichem Maße verletzt.

Das kann beispielsweise sein, wenn er

- Mängel von erheblichem Gewicht nicht anzeigt (zum Beispiel Schimmelbefall der ganzen Wohnung),
- Straftaten gegenüber dem Vermieter, dem Hausverwalter oder deren Angestellten begeht (zum Beispiel diese beleidigt oder bedroht),
- seinen Mieterpflichten nicht nachkommt (zum Beispiel die übernommene Hausreinigung nicht durchführt oder die Wohnung im Winter nicht beheizt),
- bauliche Veränderungen ohne Absprache vornimmt (zum Beispiel tragende Wände in der Wohnung entfernt),
- übermäßige Tierhaltung betreibt (zum Beispiel in einer Einzimmerwohnung ohne Erlaubnis des Vermieters zwanzig Katzen hält),
- das Mietobjekt ohne Ihre Erlaubnis untervermietet (zum Beispiel über die Plattform Airbnb),
- den Hausfrieden nachhaltig stört
- die Miete wiederholt unpünktlich oder gar nicht zahlt.

Eine fristlose Kündigung ist – von besonders gravierenden Fällen wie den oben genannten Straftaten oder erheblichen Zahlungsrückständen (siehe unten „Kündigen, wenn der Mieter nicht zahlt“) abgesehen – nur wirksam, wenn Sie das vertragswidrige Verhalten zuvor erfolglos abgemahnt haben. Für eine fristlose Kündigung können Sie das entsprechende Formular R „Fristlose Kündigung" im Serviceteil nutzen.

Kündigen, wenn der Mieter nicht zahlt

In der Praxis ist wohl der Zahlungsverzug des Mieters der häufigste Kündigungsgrund. Diese Fälle sind gesondert in § 543 Abs. 2 Nr. 3 BGB dargestellt. Ein Kündigungsgrund besteht zum einen,

→ wenn der Mieter in zwei aufeinander folgenden Monaten mit der gesamten Miete oder mit einem nicht unerheblichen Teil der Miete (mehr als eine Monatsmiete) in Verzug gerät. Zum anderen,

→ wenn der Mieter zwar nicht zweimal aufeinanderfolgend, jedoch über einen längeren Zeitraum so viel Miete schuldig bleibt, dass die Rückstände sich auf mindestens zwei Monatsmieten belaufen:

Ist ein solcher Rückstand einmal entstanden, bleiben Sie zur Kündigung berechtigt, bis der gesamte Rückstand ausgeglichen wurde.

Bei solchen Fällen von Zahlungsverzug ist ausnahmsweise eine vorherige Abmahnung nicht erforderlich (§ 543 Absatz 3 Satz 2 Nr. 3 BGB).

Wenn der Mieter Ihnen die Miete schuldet, sollten Sie überlegen, wie Sie vorgehen möchten (siehe „Wenn der Mieter nicht zahlt", S. 63). Möchten Sie ihm kündigen, können Sie dafür den Vordruck S „Kündigung wegen Zahlungsverzugs" im Formularteil nutzen.

AUSFÜLLHINWEIS

→ S. 155

Formular R Kündigung wegen Zahlungsverzugs

Mietrückstände auflisten. In der Tabelle sollten Sie die Mietrückstände genau auflisten, um hier später Widersprüche zu vermeiden. Gegebenenfalls können Sie die Angaben aus einer früheren Mahnung (Formular O) übernehmen und um die weiter aufgelaufenen Forderungen ergänzen.

Alle Vermieter unterschreiben. Achten Sie darauf, dass die Kündigung von sämtlichen Vermietern erklärt wird. Soweit ein Vermieter nicht selbst unterzeichnen kann, sollte dieser ausdrücklich bei der Unterschrift namentlich benannt werden und für ihn in Vertretung unterzeichnet werden. Für den Vertreter sollte eine entsprechende Vollmacht beigefügt werden.

Besonderheiten durch Corona

Für Mietrückstände aus der Zeit zwischen 1. April und 30. Juni 2020 gilt: Sofern die Folgen der COVID-19-Pandemie der Grund dafür sind, dass der Mieter in diesem Zeitraum die Miete nicht gezahlt hat, können sie ihm nicht kündigen, Der Mieter muss den Zusammenhang zwischen der Pandemie und der Nichtleistung glaubhaft machen. Sonstige Kündigungsrechte bleiben davon unberührt. Eine Kündigung ist jedoch möglich, wenn die durch die Pandemie bedingten Rückstände nicht bis zum 30. Juni 2022 ausgeglichen wurden. Die aufgeführten Fristen können verlängert werden.

Ausführlichere Informationen finden Sie unter test.de/formulare-vermieter. Dort halten wir Sie auch über die aktuelle Gesetzeslage dazu auf dem Laufenden.

Der Mieter kündigt

Der Mieter kann in der Regel das Mietverhältnis ohne Angabe von Gründen jederzeit kündigen.

Dem Mieter steht in der Regel die ordentliche Kündigung frei. Das heißt, er kann mit einer Frist von drei Monaten kündigen. Die Kündigung muss bei Ihnen spätestens am dritten Werktag des Monats eingegangen sein, damit sie zum Ablauf des übernächsten Monats wirksam ist.

Beispiel: Möchte der Mieter zum 31. August 2020 kündigen, muss die Kündigung spätestens am 4. Juni 2020 bei Ihnen sein, da der 1. Juni als Pfingstmontag ein Feiertag ist. Trifft die Kündigung nicht rechtzeitig ein, wirkt sie in der Regel automatisch zum nächstmöglichen Termin, also in diesem Fall einen Monat später zum 30. September.

Den Eingang der Kündigung sollten Sie dem Mieter bestätigen. Sie können dafür den Vordruck T „Kündigungsbestätigung" nutzen, den Sie im Formularteil finden.

Haben Sie ein Interesse daran, dass das Mietverhältnis länger bestehen bleibt, können Sie prüfen, ob eine ordentliche Kündigung für einen gewissen Zeitraum für beide Parteien vertraglich ausgeschlossen ist und ob der Ausschluss wirksam ist.

Auch wenn die Kündigung für einen bestimmten Zeitraum vertraglich ausgeschlossen wurde, sieht das Gesetz in einigen Sonderfällen Kündigungsrechte für Mieter vor, etwa bei einer Mieterhöhung, einer Modernisierungsmaßnahme oder einer gesundheitlichen Gefährdung. So darf ein Mieter kündigen, wenn er eine Mieterhöhung nicht mittragen möchte. Übt er dieses Sonderkündigungsrecht fristgemäß aus, ist er nicht zur Zahlung der erhöhten Miete verpflichtet.

Ist seine Gesundheit durch die Beschaffenheit des Mietobjekts erheblich gefährdet, kann der Mieter zur fristlosen Kündigung aus wichtigem Grund berechtigt sein. Das dürfte aber selten der Fall sein. Die Anforderungen der Rechtsprechung an eine solche Kündigung sind hoch. Er muss eine konkrete Gesundheitsgefährdung nachweisen.

Es gibt noch weitere Gründe, die den Mieter zur fristlosen Kündigung berechtigen, etwa wenn der Vermieter gravierende Mängel trotz Fristsetzung nicht beseitigt hat. Voraussetzung dafür ist immer, dass ihm die Fortsetzung des Mietverhältnisses nicht einmal bis zum Ablauf der Kündigungsfrist oder zur sonstigen Beendigung zumutbar ist.

Falls eine Kündigung unwirksam sein sollte, etwa weil nur einer von zwei Mietern gekündigt hat, besteht das Mietverhältnis mit sämtlichen Rechten und Pflichten weiter. Sie sollten den Mieter vorsorglich darauf hinweisen und auflaufende Mietrückstände zeitnah geltend machen.

Irrtum Nachmieter

Es besteht oft der Irrtum, dass ein Mieter aus dem Mietverhältnis ohne Frist entlassen werden muss, wenn er drei Nachmieter vorschlägt. Dies trifft nicht zu. Zwar steht es Ihnen frei, den ursprünglichen Mieter aus dem Mietverhältnis zu entlassen, falls Ihnen einer der Nachmieter zusagt und dieser vor Ablauf der Kündigungsfrist einziehen möchte. Sie können dann zum Beispiel eine Mietaufhebungsvereinbarung mit dem alten Mieter schließen und mit dem Nachmieter den neuen Vertrag unterzeichnen. Verpflichtet dazu sind Sie aber in aller Regel nicht. Sollten Sie an keinem der Nachmieter interessiert sein, kann der Mieter das Mietverhältnis nicht vor Ablauf der Kündigungsfrist lösen.

Eine Mietaufhebungsvereinbarung schließen

Sind sich Vermieter und Mieter über die Beendigung des Mietverhältnisses einig, empfiehlt sich der Abschluss einer Mietaufhebungsvereinbarung.

Eine schriftliche Mietaufhebungsvereinbarung bietet sich an, wenn eine Einigung durch einen Vertragstext dokumentiert werden soll, zum Beispiel aus Beweisgründen. Sie ist in jedem Fall sinnvoll, wenn Sie einen Mieter aus dem Vertragsverhältnis entlassen möchten. Das kann zum Beispiel der Fall sein, weil Sie einverstanden sind, dass ein Nachmieter vorzeitig einzieht, oder weil ein Paar sich trennt und einer der beiden Partner auszieht.

Eine Mietaufhebungsvereinbarung ist auch empfehlenswert, wenn der Vermieter beispielsweise wegen Eigenbedarfs kündigen möchte, aber aufgrund von Sperrfristen kein Kündigungsrecht hat und den Mieter durch eine Abstandszahlung aus der Wohnung „rauskaufen" möchte.

In der Vereinbarung sollten alle Rechte und Pflichten im Zusammenhang mit der Beendigung und der Abwicklung des Mietverhältnisses geklärt werden. Nur eine in jeder Hinsicht vollständige und klare Mietaufhebungsvereinbarung verhindert spätere Streitigkeiten. Wenn die Abstandszahlung beziehungsweise die Abfindung nicht näher erläutert wird, kann dies zu einer Steuerpflicht beim Mieter führen. Das ist aber nicht Ihr Problem als Vermieter. Für Sie sind diese Zahlungen in der Regel abzugsfähige Werbungskosten.

Achten Sie bei der Aufhebungsvereinbarung vor allem darauf, dass Sie nicht am Ende Geld zahlen und der Mieter trotzdem weiter in der Wohnung ist. Für Sie ist es am günstigsten, wenn der Mieter die Abfindungszahlung erst erhält, wenn Sie wieder im Besitz der Wohnung sind. Darauf lassen sich die Mieter meistens nicht ein, weshalb wir für die Mustervereinbarung im § 6 auch eine Variante vorgesehen haben, die einen bestmöglichen Ausgleich zwischen Vermieter- und Mieterinteressen gewährleistet (siehe Formular U „Mietaufhebungsvereinbarung", Übersicht auf S. 82/83).

Für den Fall, dass Sie eine Mietaufhebungsvereinbarung ohne Entschädigungszahlung abschließen möchten, beispielsweise weil einer der Mieter auszieht, sollten Sie § 6 im Formular bitte streichen.

Praxistipp: Für Ihre Planungen bei einer Eigenbedarfskündigung sollten Sie im Blick haben, dass bei eventuellen Problemen mit dem Mieter ein zeitlicher Spielraum wichtig ist. Wenn der Mieter trotz Unterzeichnung der Vereinbarung nicht auszieht, müssen Sie zunächst Räumungsklage erheben und einen Räumungstitel schaffen, aus dem dann die Zwangsvollstreckung betrieben werden kann.

Wohnungsrückgabe

Häufig befindet sich das Mietobjekt bei der Rückgabe nicht in dem vom Vermieter erwarteten Zustand. Hier erfahren Sie, was Sie in einem solchen Fall tun können.

Allgemein empfehlen wir, die Wohnungsübergabe von jemandem durchführen zu lassen, der nicht der Vermieter ist. Zumindest sollte Sie eine solche Person als Zeuge begleiten, da Sie sonst später in Beweisschwierigkeiten kommen können.

Ein Übergabeprotokoll ist immer sinnvoll. Sie können dafür den Vordruck V „Wohnungsübergabeprotokoll" im Formularteil nutzen (siehe Übersicht, S. 82/83). Sinnvoll ist es aber nur, wenn Sie es penibel genau ausfüllen. Sonst kann sich ein Protokoll sogar nachteilig auswirken, etwa wenn Sie vergessen, bestimmte Mängel aufzuführen. Dann kann sich der Mieter nämlich unter Vorlage des Protokolls darauf berufen, dass diese Mängel entweder gar nicht vorlagen oder aber, dass Sie jedenfalls stillschweigend auf die Beseitigung verzichtet haben.

Nutzen Sie neben einem Zeugen auch andere Dokumentationsmöglichkeiten wie Fotos oder Videos. Diese sollte möglichst der Zeuge machen, damit dieser später bestätigen kann, wann und wo die Aufnahmen gemacht wurden.

Praxistipp: Wenn Sie Ansprüche wegen Schäden in der Wohnung geltend machen wollen, sollte die Dokumentation so genau wie möglich sein. Es empfiehlt sich, gleich einen Handwerker mit der Fertigung eines Kostenvoranschlags zu beauftragen. Bei größeren Schäden empfehlen wir, zeitnah einen Sachverständigen einzuschalten, der dann Aussagen zu den Kosten für die Beseitigung der Schäden machen soll. Die Kosten für das Gutachten können Sie gegenüber dem Mieter geltend machen, wenn dieser für die Schäden verantwortlich ist und sich mit der Beseitigung im Verzug befindet.

Wir raten, vor dem eigentlichen Übergabetermin eine Vorbesichtigung zu vereinbaren. Besichtigen Sie mit dem Mieter die Wohnung und besprechen Sie, welche Arbeiten Sie noch von ihm erwarten. Eine entsprechende Formulierung haben wir in das Formular T „Kündigungsbestätigung" aufgenommen. Darauf muss der Mieter sich allerdings ebenso wenig einlassen wie auf eine „offizielle" Wohnungsrückgabe überhaupt.

Beachten Sie, dass der Mieter seiner Rückgabepflicht auch dadurch nachkommt, dass er Ihnen am letzten Tag des Mietverhältnisses die Schlüssel für die geräumte Wohnung übergibt. In einem solchen Fall sollten Sie die Wohnungsrückgabe sofort mit einem Zeugen durchführen und das Protokoll dann von diesem Zeugen unterschreiben lassen.

Der Mieter ist ebenfalls nicht verpflichtet, ein Wohnungsübergabeprotokoll des Vermieters zu unterzeichnen. Wenn der Mieter ein entsprechendes Protokoll unterzeichnet, ist er allerdings zur Durchführung der dort vereinbarten Arbeiten verpflichtet. Das würde sogar dann gelten, wenn der Mieter sich zur Durchführung von Schönheitsreparaturen verpflichtet, die er eigentlich gar nicht schuldet.

Mängel reklamieren

Beschädigungen des Mietobjekts muss der Mieter auf eigene Kosten beseitigen. Dies gilt nicht für Abnutzung aufgrund normalen Mietgebrauchs. Beispielsweise sind kleinere Kratzer im Parkett nach einer jahrelangen Mietzeit zu erwarten. Wenn aber außergewöhnliche Schäden, wie Brandlöcher oder

Abdrücke von Hackenschuhen oder Kronkorken, auftauchen, muss der Mieter diese beseitigen.

In der Praxis fallen solche Schäden erst beim Auszug des Mieters auf. Sie sollten den Mieter dann schriftlich zur Beseitigung der Schäden auffordern. Wenn er das verweigert, können Sie Schadenersatz verlangen. Dazu verwenden Sie das Formular X „Forderung von Schadenersatz" (siehe Übersicht, S. 82/83).

Bitte beachten Sie, dass Sie nur den Restwert ersetzt bekommen. Zerstört der Mieter beispielsweise einen 20 Jahre alten Teppichboden, werden Sie dafür nichts mehr erhalten. Den Restwert ermitteln Sie am besten wie folgt:

Neuwert mal Jahre der Nutzung geteilt durch durchschnittliche Lebensdauer.
Beispiel: 10 000 Euro Neuwert mal 5 Jahre Nutzung geteilt durch 10 Jahre Lebensdauer ergibt 5 000 Euro Schaden.

Der Mieter zieht vorzeitig aus

Dem Mieter steht es natürlich frei, das Mietobjekt bereits vor Ablauf der Kündigungsfrist zu räumen. Dennoch muss er bis zum Ablauf der Kündigungsfrist die Miete zahlen. Als Vermieter müssen Sie beachten: Ihre Ansprüche wegen Veränderungen oder Verschlechterungen des Mietobjekts verjähren in sechs Monaten – diese Verjährungsfrist beginnt mit dem Zeitpunkt, zu dem Sie das Mietobjekt zurückerhalten. Unabhängig von der Frage der Verjährung sollten Sie das Objekt immer sofort nach Rückerhalt prüfen und alle Ansprüche umgehend geltend machen. Schließlich wollen Sie es ja auch alsbald weiter nutzen.

Abrechnungen zum Mietende

Durch die Rechtsprechung ist nicht eindeutig geklärt, wie lange der Vermieter mit der Abrechnung der Mietsicherheit warten darf. In Ihrem eigenen Interesse sollten Sie hier so schnell wie möglich vorgehen. Zum einen verjähren Ansprüche wegen Veränderung und Verschlechterung des Mietobjekts beziehungsweise nicht ordnungsgemäß durchgeführter Schönheitsreparaturen innerhalb eines halben Jahres (siehe oben). Zum anderen können Sie Ansprüche wegen Schönheitsreparaturen nur dann geltend machen, wenn Sie den Mieter zuvor zur Durchführung der Arbeiten wirksam aufgefordert haben.

Sie sollten außerdem prüfen, welchen Anteil der Kaution Sie wegen möglicher Nachforderungen aus noch zu erfolgenden Nebenkostenabrechnungen einbehalten wollen. Der Mieter kann nicht verlangen, dass der Vermieter die Nebenkosten wegen seines Auszugs früher als turnusmäßig vorgesehen abrechnet.

Sie können die Mietsicherheit abrechnen und wegen zu erwartender Nachforderungen aus späteren Nebenkostenabrechnungen Einbehalte machen. Dazu schauen Sie, was der Mieter bei der letzten Abrechnung nachgezahlt hat, und nehmen einen Sicherheitsaufschlag von 10 Prozent vor. Den Einbehalt müssen Sie begründen. Dies können Sie mithilfe des Formulars Y „Kautionsabrechnung" tun.

Service

Register

Die Stiftung Warentest wurde 1964 auf Beschluss des Deutschen Bundestages gegründet, um dem Verbraucher durch vergleichende Tests von Waren und Dienstleistungen eine unabhängige und objektive Unterstützung zu bieten.

Die Autoren:

Alexander Bredereck ist Fachanwalt für Miet- und Wohnungseigentumsrecht sowie Arbeitsrecht. Er ist Vorstandsmitglied der Landesverbraucherzentrale Berlin-Brandenburg e. V.

Markus Willkomm ist Fachanwalt für Mietrecht, Wohneigentumsrecht, Baurecht und Architektenrecht. Er ist seit über 20 Jahren praktizierender Rechtsanwalt.

1. Nachdruck, 2. Auflage

Stiftung Warentest
Lützowplatz 11–13
10785 Berlin
Telefon 0 30/26 31–0
Fax 0 30/26 31–25 25
www.test.de
email@stiftung-warentest.de

USt-IdNr.: DE136725570

Vorstand: Hubertus Primus
Weitere Mitglieder der Geschäftsleitung:
Dr. Holger Brackemann, Julia Bönisch, Daniel Gläser

Programmleitung: Niclas Dewitz

Autoren: Alexander Bredereck, Markus Willkomm
Projektleitung/Lektorat: Ursula Rieth
Mitarbeit im Lektorat: Merit Niemeitz
Korrektorat: Christoph Nettersheim
Titelentwurf: Philipp Hailperin
Layout: Martina Römer
Grafik, Satz: Sylvia Heisler
Bildnachweis: gettyimages/MarsBars (Titel)

Produktion: Vera Göring
Verlagsherstellung: Rita Brosius (Ltg.), Romy Alig, Susanne Beeh
Litho: tiff.any, Berlin
Druck: wentker druck GmbH, Greven

ISBN: 978-3-7471-0294-7

Wir haben für dieses Buch 100 % Recyclingpapier und mineralölfreie Druckfarben verwendet. Stiftung Warentest druckt ausschließlich in Deutschland, weil hier hohe Umweltstandards gelten und kurze Transportwege für geringe CO_2-Emissionen sorgen. Auch die Weiterverarbeitung erfolgt ausschließlich in Deutschland.

Formulare
zum Heraustrennen

Seitenzahlen auf einem Mietvertragsformular oder einem Brief, den Sie an den Mieter schicken, sind irritierend. Deshalb haben wir im Formularteil auf Seitenzahlen verzichtet. Damit Sie das gesuchte Formular trotzdem schnell finden können, haben wir die Reihenfolge alphabetisch gekennzeichnet.

Service
Alle Formulare können Sie auch kostenlos online ausfüllen. Sie finden sie unter **test.de/formulare-vermieter**

Mieterselbstauskunft

Ich/Wir bin/sind an der Anmietung des folgenden Objekts interessiert:

Mietobjekt: ____________________

Frühestmöglicher Mietbeginn: ____________________ Die Besichtigung erfolgte am: ____________________

Im Rahmen einer **freiwilligen Selbstauskunft** erteilen wir die nachfolgenden Informationen:

	Mietinteressent 1	Mietinteressent 2
Name, Vorname (ggf. Geburtsname)		
Familienstand		
Geburtsdatum		
Aktuelle Anschrift (Straße, PLZ, Ort)		
Telefon		
E-Mail-Adresse		
Ausgeübter Beruf		
Nettoeinkommen/Monat		

	Mietinteressent 1	Mietinteressent 2
Aktueller Arbeitgeber (Name, Anschrift, Telefon, seit wann beschäftigt?)		
Aktueller Vermieter (Name, Anschrift, Telefon, seit wann dort Mieter?)		

Wollen Sie im Mietobjekt **Haustiere** halten?	☐ nein	☐ ja, folgende
Beabsichtigen Sie, **weitere Personen** im Mietobjekt aufzunehmen?	☐ nein	☐ ja, folgende
Beziehen Sie **Sozialleistungen** im Zusammenhang mit der Mietzahlung?	☐ nein	☐ ja (welche und in welchem Umfang, zum Beispiel Wohngeld, Sozialhilfe etc.?)

I Ich/Wir bin/sind in der Lage, alle Verpflichtungen aus dem Mietvertrag zu erfüllen und insbesondere die Mietsicherheit zu erbringen sowie die laufende Miete zuzüglich der Nebenkosten zu zahlen.

II Ich/Wir habe/n die vorstehenden Angaben vollständig und wahrheitsgemäß gemacht. Uns/Mir ist bewusst, dass Falschangaben im Zusammenhang mit dieser Erklärung und dem später abzuschließenden Mietvertrag die Anfechtung, beziehungsweise fristlose Kündigung des Mietverhältnisses nach sich ziehen können.

III Der/Die Vermieter wird/werden die Angaben des/der Mieter/s vertraulich behandeln und nur im Zusammenhang mit der geplanten Vermietung und nur soweit hierfür zwingend erforderlich nutzen. Sofern das Objekt anderweitig vermietet wird und zwischen den Parteien keine Verhandlung über die Anmietung eines weiteren Objektes stattfindet, wird/werden der/die Vermieter die Daten unverzüglich vernichten.

______________________	______________________	______________________
Ort, Datum	Unterschrift Mietinteressent 1	Unterschrift Mietinteressent 2

Mieterselbstauskunft

Ich/Wir bin/sind an der Anmietung des folgenden Objekts interessiert:

Mietobjekt: ______________________________

Frühestmöglicher Mietbeginn: ____________________ Die Besichtigung erfolgte am: ____________________

	Mietinteressent 1	Mietinteressent 2
Name, Vorname (gegebenenfalls Geburts-name)		
Familienstand		
Geburtsdatum		
Aktuelle Anschrift (Straße, PLZ, Ort)		
Telefon		
E-Mail-Adresse		
Ausgeübter Beruf		
Nettoeinkommen/Monat		
Aktueller Arbeitgeber (Name, Anschrift, Telefon, seit wann beschäftigt?)		
Aktueller Vermieter (Name, Anschrift, Telefon)		

Wollen Sie in im Mietobjekt **Haustiere** halten?	☐ nein ☐ ja	Falls ja: welche?
Spielen Sie **Musikinstrumente?**	☐ nein ☐ ja	Falls ja: welche?
Beabsichtigen Sie, **weitere Personen** im Mietobjekt aufzunehmen?	☐ nein ☐ ja	Falls ja: welche?
Ist eine **teil-/gewerbliche Nutzung** des Mietobjekts beabsichtigt?	☐ nein ☐ ja	Falls ja, bitte Umfang und Nutzung angeben:
Beziehen Sie **Sozialleistungen** im Zusammenhang mit der Mietzahlung?	☐ nein ☐ ja	Falls ja, welche und in welchem Umfang, zum Beispiel Wohngeld, Sozialhilfe etc.?
Bestehen aktuell **Mietrückstände**?	☐ nein ☐ ja	Falls ja, warum?
Bestanden in den letzten 5 Jahren **Mietrückstände?**	☐ nein ☐ ja	Falls ja, warum?
Haben Sie in den letzten 5 Jahren eine **eidesstattliche Versicherung** abgegeben?	☐ nein ☐ ja	Falls ja, wann?
Wurde in den letzten 5 Jahren ein **Insolvenzverfahren** gegen Sie eröffnet?	☐ nein ☐ ja	Falls ja, wann?
Wurde in den letzten 5 Jahren eine **Räumungsklage** gegen Sie erhoben?	☐ nein ☐ ja	Falls ja, wann?
Wurde in den letzten 5 Jahren **Zwangsvollstreckung** gegen Sie eingeleitet im Zusammenhang mit Mietverhältnissen?	☐ nein ☐ ja	Falls ja, wann?

I Ich/Wir bin/sind in der Lage, alle Verpflichtungen aus dem Mietvertrag zu erfüllen und insbesondere die Mietsicherheit zu erbringen sowie die laufende Miete zuzüglich der Nebenkosten zu zahlen.

II Ich/Wir habe/n die vorstehenden Angaben vollständig und wahrheitsgemäß gemacht. Uns/Mir ist bewusst, dass Falschangaben im Zusammenhang mit dieser Erklärung und dem später abzuschließenden Mietvertrag die Anfechtung, beziehungsweise fristlose Kündigung des Mietverhältnisses nach sich ziehen können.

III Der/Die Vermieter wird/werden die Angaben des/der Mieter/s vertraulich behandeln und nur im Zusammenhang mit der geplanten Vermietung und nur soweit hierfür zwingend erforderlich nutzen. Sofern das Objekt anderweitig vermietet wird und zwischen den Parteien keine Verhandlung über die Anmietung eines weiteren Objektes stattfindet, wird/werden der/die Vermieter die Daten unverzüglich vernichten.

Ort, Datum	Unterschrift Mietinteressent 1	Unterschrift Mietinteressent 2

Wohnraummietvertrag

Zwischen ______________________________

____

____

Name, Vorname, Anschrift (nachfolgend Vermieter genannt, auch wenn es sich um mehrere handelt)

und ______________________________

____

____

bisher wohnhaft: ______________________________

____

____

Name, Vorname, Anschrift (nachfolgend Mieter genannt, auch wenn es sich um mehrere handelt)

§1 Mietobjekt

(1) Der Vermieter vermietet dem Mieter zu Wohnzwecken die auf dem Grundstück

____

____

(genaue Adresse)

a) ☐ im Vorderhaus ☐ Quergebäude ☐ Hinterhaus ☐ Seitenflügel rechts ☐ Seitenflügel links ☐ im Erdgeschoss ☐ im Obergeschoss (vor der Hauseingangstür stehend gesehen ☐ rechts ☐ links ☐ Mitte) gelegene Wohnung

b) ☐ das Einfamilienhaus ☐ die Doppelhaushälfte ☐ das Reihenhaus

bestehend aus ____ Zimmern, ____ Küchen, ____ Bädern, ____ Fluren, ____ Terrassen,

____ Balkonen, ____ Abstellräumen, ____ Kellern mit der Nummer ____________

Die Mieträume haben eine Wohnfläche von __________ m², berechnet nach den Vorgaben der Wohnflächenberechnungsverordnung. Diese Angabe dient wegen möglicher Messfehler nicht zur Festlegung des Mietgegenstands. Der räumliche Umfang der gemieteten Sache ergibt sich aus den tatsächlichen örtlichen Gegebenheiten.

(2) Dem Mieter ist die ☐ alleinige Nutzung ☐ Mitnutzung folgender Gemeinschaftseinrichtungen

gestattet: ______________________________

____

Mitvermietet zur ☐ alleinigen Nutzung ☐ Mitbenutzung sind die zum Haus gehörenden und in dem als **Anlage 4** beigefügten Außenanlagenplan schraffiert dargestellten Gartenflächen und

____

(weitere Außenanlagen)

§ 2 Mietdauer und Befristung

☐ Das Mietverhältnis beginnt am ____________________ und läuft auf unbestimmte Zeit.

Es kann jedoch beiderseits erstmals zum ____________________ ordentlich gekündigt werden.

☐ **Nur bei Befristung**

Das Mietverhältnis beginnt am ____________________ und ist bis zum ____________________ befristet, weil der Vermieter nach der Beendigung das Mietobjekt

a) ☐ für sich ☐ für seine/n Familienangehörigen ____

benötigt, der/die das Mietobjekt für die Zeit ab dem ______________________ beziehen will/wollen.

Die Einzelheiten ergeben sich aus **Anlage 5**.

b) nach Ablauf der Befristung ☐ abreißen ☐ umbauen ☐ umfassend modernisieren lassen will und die Maßnahmen durch eine Fortsetzung des Mietverhältnisses erheblich erschwert werden würden. Die Einzelheiten ergeben sich aus **Anlage 5**.

☐ **Nur bei Staffelmietvereinbarung**

Das Mietverhältnis beginnt am ___________________________ und läuft auf unbestimmte Zeit. Es kann

jedoch vom Mieter erstmals zum Ablauf des ___________________________ gekündigt werden.

Setzt der Mieter den Gebrauch der Mietsache nach Ablauf der Mietzeit fort, so gilt das Mietverhältnis als nicht verlängert. Die Verlängerung des Mietverhältnisses bedarf einer schriftlichen Vereinbarung. § 545 BGB findet keine Anwendung.

§ 3 Miete und Nebenkosten

(1) Der monatliche Mietzins beträgt:

a) für das Mietobjekt (netto/kalt) ______________ Euro

b) ☐ Betriebskostenvorauszahlung gemäß Absatz 2 ______________ Euro

☐ Betriebskostenpauschale ______________ Euro

c) Heizkostenvorauszahlung ______________ Euro

Gesamt ______________ **Euro**

☐ **Staffelmiete**

(1a) Die in Absatz 1 festgelegte Miete erhöht sich

zum ____________ um _____ %, mithin um ____________ Euro auf ____________ Euro monatlich

zum ____________ um _____ %, mithin um ____________ Euro auf ____________ Euro monatlich

zum ____________ um _____ %, mithin um ____________ Euro auf ____________ Euro monatlich

zum ____________ um _____ %, mithin um ____________ Euro auf ____________ Euro monatlich

☐ **Indexmiete**

(1b) Ändert sich der vom Statistischen Bundesamt ermittelte Preisindex für die Lebenshaltung aller privaten Haushalte in Deutschland, so kann jede Partei die Miete an den geänderten Index anpassen, sofern die Miete mindestens ein Jahr, von Erhöhungen nach §§ 559 bis 560 BGB abgesehen, unverändert geblieben ist. Eine Änderung der Miete muss durch Erklärung in Textform geltend gemacht werden. Dabei sind die eingetretene Änderung des Preisindex sowie die jeweilige Miete oder die Änderung in einem Geldbetrag anzugeben. Die geänderte Miete ist mit Beginn des übernächsten Monats nach dem Zugang der Erklärung zu entrichten. Der Vermieter behält sich eine Mieterhöhung nach § 559 BGB für bauliche Maßnahmen aufgrund von Umständen, die er nicht zu vertreten hat, vor.

☐ **Wenn wie üblich Nettomiete zuzüglich Vorauszahlungen für Betriebs- und Heizkosten vereinbart werden soll**

(2) Neben der Miete trägt der Mieter die auf das Mietobjekt entfallenden Betriebskosten gemäß § 2 Betriebskostenverordnung (BetrKV), wie in der Anlage 1 aufgeführt. Der Mieter trägt neben den in § 2 Nr. 1 bis 16 BetrKV aufgeführten Betriebskosten folgende sonstigen Betriebskosten: die Kosten für die Bewachung, die Kosten für die Wartung der Entrauchungsanlagen sowie die Kosten der Reinigung und Wartung des Daches, die Kosten der Dachrinnenreinigung und der Reinigung der Lichtschächte, die Kosten der Überprüfung und Wartung der Blitzschutzanlage, der Feuerlöscher und sonstigen Feuerlöschgeräte, die Kosten für die Anmietung, Prüfung und Wartung von sonstigen Brandschutzeinrichtungen wie Rauchwarnmeldern und sonstigen Gefahrenmeldern, die Kosten der Pflege der Dachbegrünung,

____.

Auf sämtliche anfallenden Betriebskosten gemäß § 2 BetrKV hat der Mieter neben der Nettokaltmiete die unter § 3 Abs. 1 des Mietvertrags aufgeführten monatlichen Vorauszahlungen von derzeit

____________ Euro zu zahlen. Über diese ist jährlich bis zum 31.12. des Folgejahres abzurechnen.

☐ **Alternativ bei Betriebskostenpauschale**

(2) Mit der in § 3 Abs. 1 vereinbarten Pauschale sind die auf das Mietobjekt entfallenden Betriebskosten gemäß § 2 Betriebskostenverordnung (BetrKV), wie in der Anlage 1 aufgeführt, mit Ausnahme der Heiz- und Warmwasserkosten abgegolten. Abgegolten sind auch folgende sonstige Betriebskosten: die Kosten für die Bewachung, die Kosten für die Wartung der Entrauchungsanlagen sowie die Kosten der Reinigung und Wartung des Daches, die Kosten der Dachrinnenreinigung und der Reinigung der Lichtschächte, die Kosten der Überprüfung und Wartung der Blitzschutzanlage, der Feuerlöscher und sonstigen Feuerlöschgeräte, die Kosten für die Anmietung, Prüfung und Wartung von sonstigen Brandschutzeinrichtungen wie Rauchwarnmeldern und sonstigen Gefahrenmeldern, die Kosten der Pflege der Dachbegrünung,

____.

Erhöhen sich die Betriebskosten, kann der Vermieter die Erhöhung durch Erklärung in Textform auf den Mieter umlegen. In der Erklärung ist der Grund für die Erhöhung zu bezeichnen und zu erläutern. Der Mieter schuldet die Erhöhung mit Beginn des auf den Zugang der Erklärung folgenden übernächsten Monats. Haben sich die Betriebskosten rückwirkend erhöht, wird die erhöhte Pauschale rückwirkend zum Zeitpunkt der Erhöhung geschuldet, wenn der Vermieter sie innerhalb von drei Monaten nach Kenntnis der Erhöhung erklärt hat.
Im Fall einer Ermäßigung verpflichtet sich der Vermieter, die Pauschale vom Zeitpunkt der Ermäßigung an entsprechend herabzusetzen und dem Mieter die Ermäßigung unverzüglich mitzuteilen.

☐ **Alternativ bei Vermietung eines Einfamilienhauses, einer Doppelhaushälfte oder eines Reihenhauses**

(2) Die Parteien vereinbaren, dass der Mieter die für die Bewirtschaftung erforderlichen Verträge mit den Versorgern und Dienstleistern (insbesondere Müllabfuhr, Straßenreinigung, Heizenergie, Strom, Wasserversorgung und Entwässerung, Winterdienst) selbst auf eigene Kosten abschließt. Für die Grundsteuer und die Kosten der Versicherungen sowie für den Fall, dass der Mieter mit Versorgern und Dienstleistern keinen direkten Vertrag abschließen kann oder dies unterblieben ist und dem Vermieter deshalb die entsprechenden Kosten entstanden sind, bleibt der Vermieter berechtigt, die Betriebskosten nach Maßgabe der Anlage 1 auf den Mieter umzulegen.

(3) Auf sämtliche Heiz- und Warmwasserkosten gemäß § 2 BetrKV, §§ 7 Abs. 2 und 8 Abs. 2 HKV hat der Mieter neben der Nettokaltmiete und der Betriebskostenpauschale die unter § 3 Abs. 1 c des

Mietvertrags aufgeführten monatlichen Vorauszahlungen von derzeit ______________ Euro zu zahlen. Über diese Vorauszahlungen ist jährlich bis zum 31.12. des Folgejahres abzurechnen.

(4) Die Heizkosten werden zu 70 % nach dem erfassten Verbrauch und zu 30 % nach dem Verhältnis

☐ der Wohnfläche der Wohnung mit ______ m^2 zur Gesamtfläche von ______ m^2 der
☐ Wirtschaftseinheit ☐ Wohneigentumsanlage umgelegt.

☐ der beheizten Fläche der Wohnung mit ______ m^2 zur beheizten Gesamtfläche von ______ m^2 der
☐ Wirtschaftseinheit ☐ Wohneigentumsanlage umgelegt.

Die Warmwasserkosten werden zu 70 % nach dem erfassten Verbrauch und zu 30 % nach dem Verhältnis der Wohnfläche der Wohnung mit ______ m^2 zur Gesamtfläche von ______ m^2 der
☐ Wirtschaftseinheit ☐ Wohneigentumsanlage umgelegt.

(5) **Für die Umlage der Betriebskosten, sofern gemäß Absatz 2 vereinbart, gilt Folgendes:**

☐ **Mehrfamilienhaus:** Die übrigen Betriebskosten werden entsprechend dem Verhältnis der vermieteten Wohnung von ______________ m^2 zur Gesamtfläche des Hauses von ______________ m^2 umgelegt mit Ausnahme der Kosten für die Gemeinschaftsantenne beziehungsweise den Breitbandkabelanschluss. Sie werden im Verhältnis der Anzahl der Wohneinheiten umgelegt.

☐ **Eigentumswohnung:** Die Grundsteuer wird in der Form umgelegt, dass die auf die vermietete Wohnung entfallende Grundsteuer in Ansatz gebracht wird. Die übrigen Betriebskosten werden entsprechend der Teilungserklärung nach dem Verhältnis der Miteigentumsanteile umgelegt mit Ausnahme der Kosten für die Gemeinschaftsantenne beziehungsweise für den Breitbandkabelanschluss. Diese werden im Verhältnis der Anzahl der Wohneinheiten umgelegt.

Die Kosten für die Wasserversorgung und Entwässerung werden anteilig

☐ Ⓝ nach dem erfassten Verbrauch

☐ nach den Verhältnis der Wohnfläche der Wohnung mit ______ m^2 zur Gesamtfläche von ______ m^2 der ☐ Wirtschaftseinheit ☐ Wohneigentumsanlage umgelegt.

(6) Der Vermieter ist berechtigt, den Umlagemaßstab gemäß § 556 a Abs. 2 BGB mit Wirkung für den nachfolgenden Abrechnungszeitraum durch schriftliche Erklärung an den Mieter in der Weise zu ändern, dass dem erfassten unterschiedlichen Verbrauch oder der erfassten unterschiedlichen Verursachung Rechnung getragen wird. Darüber hinaus ist er zur Änderung des Umlagemaßstabes durch Erklärung in Textform mit Wirkung für den auf den Zugang der Erklärung folgenden Abrechnungszeitraum berechtigt, falls die Wohnungseigentümergemeinschaft ihrerseits den Umlagemaßstab ändert.

(7) Endet das Mietverhältnis während des Abrechnungszeitraums, kann der Mieter keine Zwischenablesung verlangen.

(8) Zusätzlich zu den genannten Kosten darf der Vermieter auch solche Kosten umlegen, die derzeit noch nicht anfallen, die aber in einer Nachfolgeregelung zu § 2 BetrKV vom Gesetzgeber neu eingeführt werden. Entsprechendes gilt, wenn zusätzliche Betriebskosten dadurch entstehen, dass der Vermieter Erweiterungs- und Modernisierungsmaßnahmen durchführt.

§ 4 Zahlung von Miete und Nebenkosten

Miete und Nebenkostenvorauszahlungen sind monatlich im Voraus, porto- und spesenfrei so rechtzeitig zu veranlassen, dass bei unverzüglicher Überweisung durch die an der Überweisung beteiligten Banken der Betrag spätestens am dritten Werktag eines jeden Monats auf dem

Konto des Vermieters bei der ______________________________

IBAN ______________________________, BIC ____________________ eingeht. Verzögerungen, die auf einem Verschulden der beteiligten Banken beruhen, hat der Mieter nicht zu vertreten.

§ 5 Mietsicherheit

(1) Der Mieter verpflichtet sich, für die Einhaltung aller sich aus diesem Vertrag ergebenden Verbindlichkeiten eine Mietsicherheit von ____________ Euro durch Zahlung an den Vermieter zu leisten. Hinsichtlich der Zahlungsmodalitäten gelten die gesetzlichen Bestimmungen. Der Vermieter hat die Mietsicherheit getrennt von seinem Vermögen zu den Bedingungen für Spareinlagen mit gesetzlicher Kündigungsfrist bei einer öffentlichen Bank oder Sparkasse anzulegen. Die Zinsen erhöhen die Mietsicherheit.

(2) Die Rückgabe der Mietsicherheit wird frühestens sechs Monate nach dem vollständigen Auszug des Mieters und der Beendigung des Mietverhältnisses fällig, sofern keine Gegenansprüche des Vermieters mehr bestehen. Die Vermieter ist berechtigt, einen angemessenen Teil der Mietsicherheit über diesen Termin hinaus zur Sicherung etwaiger Gerichts- und Anwaltskosten sowie von Ansprüchen aus einer noch nicht erstellten Nebenkostenabrechnung zurückzuhalten. Wegen Ansprüchen aus einer noch nicht erstellten Nebenkostenabrechnung besteht das Recht zur Rückhaltung der Mietsicherheit jedoch längstens bis zum 31.12. des Folgejahres.

§ 6 Aufrechnung und Zurückbehaltungsrecht

(1) Der Mieter kann gegen eine Mietforderung mit einer Forderung aus §§ 536 a, 539 BGB oder aus ungerechtfertigter Bereicherung wegen zu viel gezahlter Miete nur aufrechnen, wenn er seine Absicht dem Vermieter mindestens einen Monat vor Fälligkeit des Mietzinses in Textform angezeigt hat.

(2) Mit anderen Forderungen aus dem Mietverhältnis kann der Mieter nur aufrechnen, wenn sie unbestritten sind, rechtskräftig festgestellt wurden oder entscheidungsreif sind. Das Leistungsverweigerungsrecht des Mieters aus § 320 BGB bleibt unberührt.

§ 7 Zustand der Mieträume, Haftung des Vermieters

(1) Das Mietobjekt wurde dem Mieter in

☐ frisch renoviertem Zustand
☐ renovierungsbedürftigem Zustand übergeben.

Dem Mieter wird für die Renovierungsbedürftigkeit der Räume ein Ausgleich gewährt, und zwar

____

____

____

(2) Der Vermieter verpflichtet sich, noch folgende ☐ Umbaumaßnahmen ☐ Instandsetzungsmaßnahmen vorzunehmen:

____

____

____

Der Mieter wird folgende Maßnahmen auf eigene Kosten veranlassen:

____

____

____

Abgesehen von den vorstehend genannten Maßnahmen erkennt der Mieter den derzeitigen Zustand als vertragsgemäß an.

(3) Dem Mieter ist bekannt, dass ______________________________

____

____

____

(4) Die verschuldensunabhängige Haftung des Vermieters für anfängliche Sachmängel wird ausgeschlossen. Wegen anderer Mängel kann der Mieter vom Vermieter Schadensersatz nur verlangen, soweit dem Vermieter und/oder seinen Erfüllungsgehilfen Vorsatz oder grobe Fahrlässigkeit zur Last fällt oder sich der Vermieter mit der Mängelbeseitigung im Verzug befindet.

(5) Der Vermieter haftet nicht für Schäden, die dem Mieter durch Feuchtigkeitseinwirkungen an dessen Einrichtungsgegenständen entstehen, es sei denn, der Vermieter hat den Schaden vorsätzlich oder grob fahrlässig herbeigeführt oder sich mit der Beseitigung der Ursachen für den Schaden in Verzug befunden.

(6) Die Haftung für Schäden aus der Verletzung des Lebens, des Körpers oder der Gesundheit, die auf einer vorsätzlichen oder fahrlässigen Pflichtverletzung des Vermieters oder seiner Erfüllungsgehilfen beruhen, sowie das Recht des Mieters zur Mietminderung oder zur fristlosen Kündigung bleiben von den Absätzen 4 und 5 unberührt.

§ 8 Schönheitsreparaturen

(1) Der Mieter ist verpflichtet, auf seine Kosten die Schönheitsreparaturen im Sinne von § 28 Abs. 4 II. Berechnungsverordnung (Tapezieren, Anstreichen oder Kalken der Wände und Decken, das Streichen der Fußböden, Heizkörper einschließlich Heizrohre, der Innentüren sowie der Fenster und Außentüren von innen) im Mietobjekt auszuführen, soweit sie erforderlich sind.

(2) Für Schäden der malermäßigen Dekoration des Mietobjekts, die weder auf dem Mietgebrauch des Mieters beruhen noch vom Mieter zu vertreten sind, verbleibt es bei der Instandsetzungspflicht des Vermieters.

(3) Beabsichtigt der Vermieter nach Beendigung des Mietverhältnisses bauliche Veränderungen, insbesondere Modernisierungsmaßnahmen durchzuführen, ist der Mieter zur Zahlung einer angemessenen Entschädigung anstelle der geschuldeten Leistung verpflichtet.

§ 9 Instandhaltung des Mietobjekts

(1) Der Mieter ist verpflichtet, das Mietobjekt und die gemeinschaftlichen Einrichtungen schonend und pfleglich zu behandeln.

(2) Der Mieter hat für die ordnungsgemäße Reinigung der Mietsache sowie für ausreichende Belüftung und Beheizung der ihm überlassenen Innenräume zu sorgen. Das beigefügte Merkblatt zum richtigen Lüften und Heizen (Anlage 3) hat er zur Kenntnis genommen.

(3) Soweit das Mietobjekt ganz oder teilweise mit Teppichböden ausgelegt ist, hat der Mieter diese regelmäßig sach- und fachgerecht reinigen zu lassen.

(4) Der Mieter haftet dem Vermieter für Schäden, die in den ausschließlich dem Mieter zugewiesenen Mieträumen entstehen und nicht auf bauliche Mängel zurückzuführen und/oder vom Vermieter zu vertreten sind, es sei denn, der Mieter weist nach, dass die Schäden weder von ihm noch von sonstigen Personen, die sich mit seiner Erlaubnis in den Räumen aufgehalten haben, zu vertreten sind.

(5) Der Mieter hat das Mietobjekt auf eigene Kosten von Ungeziefer freizuhalten. Das Füttern von Vögeln, insbesondere Tauben, auf dem Grundstück ist verboten.

§ 10 Kleinreparaturen

Der Mieter trägt ohne Rücksicht auf eigenes Verschulden die Kosten kleinerer Instandsetzungsarbeiten an denjenigen Gegenständen und Einrichtungen, die seinem direkten und häufigen Zugriff unterliegen, wie Installationsgegenständen für Elektrizität, Gas und Wasser, Heiz- und Kocheinrichtungen, Fenster- und Türverschlüssen sowie Rollläden, Jalousien, Fensterläden und Markisen, soweit die Einzelreparatur nicht mehr als 100 Euro kostet und der den Mietern durch mehrere Kleinreparaturen entstehende jährliche Aufwand 6 Prozent der jeweiligen Jahresnettokaltmiete nicht übersteigt.

§ 11 Nutzung der Mieträume und Untervermietung

(1) Der Mieter darf die angemieteten Räume nur zu Wohnzwecken benutzen. Eine Nutzung zu anderen als Wohnzwecken bedarf der Zustimmung des Vermieters.

(2) Der Mieter ist ohne vorherige Erlaubnis des Vermieters nicht berechtigt, die angemieteten Räume oder einen Teil hiervon unterzuvermieten oder sonst einem Dritten zu überlassen.

(3) Überlässt der Mieter das Mietobjekt Dritten, hat er innerhalb von vier Wochen eine Bestätigung des zuständigen Einwohnermeldeamts über die ordnungsgemäße Anmeldung des Untermieters vorzulegen.

(4) Der Vermieter kann die Erlaubnis zur Untervermietung von der Vereinbarung eines angemessenen Zuschlags auf die Nettomiete abhängig machen (Untermietzuschlag).

§12 Tierhaltung

(1) Das Halten von Kleintieren (wie zum Beispiel Hamstern, Katzen, Kaninchen, Wellensittichen, Zierfischen, Kanarienvögeln und Ähnlichem) ist zulässig, soweit es dadurch nicht zu unzumutbaren Beeinträchtigungen Dritter und/oder zu Beeinträchtigungen des Mietobjekts in seiner Substanz kommt.

(2) Das Halten von Hunden ist ohne vorherige Zustimmung des Vermieters nicht gestattet. Hat der Vermieter die Zustimmung zur Hundehaltung erteilt, kann er diese bei Vorliegen von wichtigen Gründen, insbesondere wenn andere Mieter und Hausbewohner dadurch belästigt werden, jederzeit widerrufen.

§13 Bauliche Änderungen durch den Mieter und vom Vormieter übernommene Einrichtungen

(1) Der Mieter darf bauliche Veränderungen der Mietsache einschließlich des Anbringens von Außenantennen, Werbeanlagen und Ähnlichem nur mit Genehmigung des Vermieters vornehmen. Er hat hierbei alle öffentlich-rechtlichen Vorschriften zu beachten sowie erforderliche öffentlich-rechtliche Genehmigungen, insbesondere Baugenehmigungen, Genehmigungen nach dem Denkmalschutzgesetz, auf eigene Kosten einzuholen und etwaige Auflagen auf eigene Kosten zu erfüllen. Etwaige bauliche Veränderungen hat der Mieter bei Beendigung des Mietvertrags auch dann zurückzubauen und den ursprünglichen Zustand wiederherzustellen, wenn der Vermieter sie genehmigt hat.

(2) Das Wegnahmerecht des Mieters hinsichtlich der von ihm eingebrachten Einrichtungen und das Recht des Vermieters, das Wegnahmerecht durch eine angemessene Entschädigung abzuwenden, § 552 Abs. 1 BGB, bleiben unberührt.

(3) Der Vormieter hat folgende Einrichtungen zurückgelassen: ______________________________

____

____

____

Diese gelten nicht als mitvermietet. Insoweit ist der Vermieter zu einer Instandhaltung nicht verpflichtet. Der Mieter verpflichtet sich, diese Einrichtungen bei Beendigung des Mietverhältnisses zu entfernen und den Zustand, der vor dem Einbau und dem Einbringen der Einrichtungen bestand, wiederherzustellen.

§14 Betreten des Mietobjekts durch den Vermieter

(1) Dem Vermieter oder seinen Beauftragten steht die Besichtigung des Mietgegenstands nach rechtzeitiger Ankündigung mit einer Frist von mindestens 48 Stunden zu angemessener Tageszeit frei. Zur Abwendung drohender Gefahren darf der Vermieter oder sein Beauftragter die Mieträume auch ohne vorherige Ankündigung zu jeder Tages- und Nachtzeit betreten.

(2) Ist der Mieter länger abwesend, hat er sicherzustellen, dass die Räume zur Abwendung drohender Gefahren unverzüglich betreten werden können.

§15 Beendigung des Mietverhältnisses

(1) Bei Beendigung des Mietverhältnisses sind die Mieträume vollständig geräumt und sauber zurückzugeben. § 8 des Mietvertrages bleibt unberührt.

(2) Der Mieter hat alle Schlüssel, auch selbst beschaffte, zurückzugeben. Er haftet für sämtliche Schäden, die dem Vermieter oder einem Nachmieter aus der Verletzung dieser Pflicht entstehen.

§16 Hausordnung

Die als **Anlage 2** beigefügte Hausordnung ist Bestandteil des Mietvertrags.

§16 a Gartennutzung und -pflege

Bei Einfamilienhaus, Reihenhaus oder Doppelhaushälfte sowie zur alleiniger Nutzung überlassenem Garten

(1) Die Pflege des zu dem Grundstück gehörenden und dem Mieter mitvermieteten Gartens obliegt dem Mieter. Die Gartenpflege umfasst:

____

____

____

____

(2) Das Fällen von Bäumen, die Beseitigung von Hecken, Rabatten und Rasenflächen sowie das Aussäen von Wildrasen und Wildkräutern auf den Rasenflächen bedürfen der Zustimmung des Vermieters.

§16 b Winterdienst, Straßenreinigung und Verkehrssicherungspflicht

Bei Einfamilienhaus, Reihenhaus oder Doppelhaushälfte

(1) Der Mieter übernimmt den Winterdienst (Beseitigung von Eis und Schnee sowie Glätte) auf dem Grundstück sowie die dem Vermieter als Anlieger nach den örtlichen Bestimmungen obliegenden Pflichten zum Winterdienst und zur Reinigung der an das Grundstück angrenzenden Gehwege und Fahrbahnen.

(2) Der Mieter stellt den Vermieter von allen Ansprüchen Dritter, die aus der Verletzung dieser Pflichten entstehen, frei.

§ 17 Besondere Vereinbarungen

Folgende zusätzliche Absprachen wurden vereinbart: ______________________________

____

____

§ 18 Sonstiges

(1) Mündliche Nebenabreden sind nicht getroffen. Änderungen dieses Mietvertrags bedürfen der Schriftform. Auch eine Änderung des Schriftformerfordernisses bedarf der Schriftform. Die Parteien verpflichten sich, die entsprechenden Schriftstücke mit diesem Mietvertrag fest zu verbinden.

(2) Mehrere Personen als Mieter oder Vermieter haften für alle Verpflichtungen aus dem Mietvertrag als Gesamtschuldner. Mehrere Mieter sind untereinander jeweils bevollmächtigt, rechtsverbindliche Erklärungen für alle Mieter in Empfang zu nehmen. Dies gilt nicht für Erklärungen im Zusammenhang mit der Beendigung des Mietverhältnisses.

(3) Die Unwirksamkeit einer der vorstehenden Klauseln berührt die Wirksamkeit des Vertrags im Übrigen nicht.

(4) Folgende Anlagen sind Bestandteil des Mietvertrags und mit diesem fest zu verbinden:

☐ **Anlage 1** Aufstellung Betriebskosten

☐ **Anlage 2** Hausordnung

☐ **Anlage 3** Vereinbarung zum Lüften und Heizen

☐ **Anlage 4** Außenanlageplan

☐ **Anlage 5** Gründe der Befristung

☐ **Anlage 6** Besondere Vereinbarungen

☐ **Anlage 7** ______________________________

______________________ ______________________________________

Ort, Datum Unterschriften sämtlicher Mieter

______________________ ______________________________________

Ort, Datum Unterschriften sämtlicher Vermieter

Aufstellung Betriebskosten

Anlage Nr. 1 zum Mietvertrag vom ______________________________

Der Mieter trägt folgende Betriebskosten:

1. Die laufenden öffentlichen Lasten des Grundstücks. Hierzu gehört namentlich die Grundsteuer.

2. Die Kosten der Wasserversorgung. Hierzu gehören die Kosten des Wasserverbrauchs, die Grundgebühren, die Kosten der Anmietung oder anderer Arten der Gebrauchsüberlassung von Wasserzählern sowie die Kosten ihrer Verwendung einschließlich der Kosten der Eichung sowie der Kosten der Berechnung und Aufteilung, die Kosten der Wartung von Wassermengenreglern, die Kosten des Betriebs einer hauseigenen Wasserversorgungsanlage und einer Wasseraufbereitungsanlage einschließlich der Aufbereitungsstoffe.

3. Die Kosten der Entwässerung. Hierzu gehören die Gebühren für die Haus- und Grundstücksentwässerung, die Kosten des Betriebs einer entsprechenden nicht öffentlichen Anlage und die Kosten des Betriebs einer Entwässerungspumpe.

4. Die Kosten

a) des Betriebs der zentralen Heizungsanlage einschließlich der Abgasanlage, hierzu gehören die Kosten der verbrauchten Brennstoffe und ihrer Lieferung, die Kosten des Betriebsstroms, die Kosten der Bedienung, Überwachung und Pflege der Anlage, der regelmäßigen Prüfung ihrer Betriebsbereitschaft und Betriebssicherheit einschließlich der Einstellung durch eine Fachkraft, der Reinigung der Anlage und des Betriebsraums, die Kosten der Messungen nach dem Bundes-Immissionsschutzgesetz, die Kosten der Anmietung oder anderer Arten der Gebrauchsüberlassung einer Ausstattung zur Verbrauchserfassung sowie die Kosten der Verwendung einer Ausstattung zur Verbrauchserfassung einschließlich der Kosten der Eichung sowie der Kosten der Berechnung und Aufteilung, oder

b) des Betriebs der zentralen Brennstoffversorgungsanlage, hierzu gehören die Kosten der verbrauchten Brennstoffe und ihrer Lieferung, die Kosten des Betriebsstroms und die Kosten der Überwachung sowie die Kosten der Reinigung der Anlage und des Betriebsraums, oder

c) der Reinigung und Wartung von Etagenheizungen und Gaseinzelfeuerstätten, hierzu gehören die Kosten der Beseitigung von Wasserablagerungen und Verbrennungsrückständen in der Anlage, die Kosten der regelmäßigen Prüfung der Betriebsbereitschaft und Betriebssicherheit und der damit zusammenhängenden Einstellung durch eine Fachkraft sowie die Kosten der Messungen nach dem Bundes-Immissionsschutzgesetz.

5. Die Kosten

a) des Betriebs der zentralen Warmwasserversorgungsanlage, hierzu gehören die Kosten der Wasserversorgung entsprechend Nummer 2, soweit sie nicht dort bereits berücksichtigt sind, und die Kosten der Wassererwärmung entsprechend Nummer 4 Buchstabe a, oder

b) der eigenständig gewerblichen Lieferung von Warmwasser, auch aus Anlagen im Sinne des Buchstabens a, hierzu gehören das Entgelt für die Lieferung des Warmwassers und die Kosten des Betriebs der zugehörigen Hausanlagen entsprechend Nummer 4 Buchstabe a, oder

c) der Reinigung und Wartung von Warmwassergeräten, hierzu gehören die Kosten der Beseitigung von Wasserablagerungen und Verbrennungsrückständen im Innern der Geräte sowie die Kosten der regelmäßigen Prüfung der Betriebsbereitschaft und Betriebssicherheit und der damit zusammenhängenden Einstellung durch eine Fachkraft.

6. Die Kosten verbundener Heizungs- und Warmwasserversorgungsanlagen

a) bei zentralen Heizungsanlagen entsprechend Nummer 4 Buchstabe a und entsprechend Nummer 2, soweit sie nicht dort bereits berücksichtigt sind, oder

b) bei der eigenständig gewerblichen Lieferung von Wärme entsprechend Nummer 4 Buchstabe b und entsprechend Nummer 2, soweit sie nicht dort bereits berücksichtigt sind, oder

c) bei verbundenen Etagenheizungen und Warmwasserversorgungsanlagen entsprechend Nummer 4 Buchstabe c und entsprechend Nummer 2, soweit sie nicht dort bereits berücksichtigt sind.

7. Die Kosten des Betriebs des Personen- oder Lastenaufzugs. Hierzu gehören die Kosten des Betriebsstroms, die Kosten der Beaufsichtigung, der Bedienung, Überwachung und Pflege der Anlage, der regelmäßigen Prüfung ihrer Betriebsbereitschaft und Betriebssicherheit einschließlich der Einstellung durch eine Fachkraft sowie die Kosten der Reinigung der Anlage.

8. Die Kosten der Straßenreinigung und Müllbeseitigung. Zu den Kosten der Straßenreinigung gehören die für die öffentliche Straßenreinigung zu entrichtenden Gebühren und die Kosten entsprechender nicht öffentlicher Maßnahmen; zu den Kosten der Müllbeseitigung gehören namentlich die für die Müllabfuhr zu entrichtenden Gebühren, die Kosten entsprechender nicht öffentlicher Maßnahmen, die Kosten des Betriebs von Müllkompressoren, Müllschluckern, Müllabsauganlagen sowie des Betriebs von Müllmengenerfassungsanlagen einschließlich der Kosten der Berechnung und Aufteilung.

9. Die Kosten der Gebäudereinigung und Ungezieferbekämpfung. Zu den Kosten der Gebäudereinigung gehören die Kosten für die Säuberung der von den Bewohnern gemeinsam genutzten Gebäudeteile, wie Zugänge, Flure, Treppen, Keller, Bodenräume, Waschküchen, Fahrkorb des Aufzugs.

10. Die Kosten der Gartenpflege. Hierzu gehören die Kosten der Pflege gärtnerisch angelegter Flächen einschließlich der Erneuerung von Pflanzen und Gehölzen, der Pflege von Spielplätzen einschließlich der Erneuerung von Sand und der Pflege von Plätzen, Zugängen und Zufahrten, die dem nicht öffentlichen Verkehr dienen.

11. Die Kosten der Beleuchtung. Hierzu gehören die Kosten des Stroms für die Außenbeleuchtung und die Beleuchtung der von den Bewohnern gemeinsam genutzten Gebäudeteile, wie Zugänge, Flure, Treppen, Keller, Bodenräume, Waschküchen.

12. Die Kosten der Schornsteinreinigung. Hierzu gehören die Kehrgebühren nach der maßgebenden Gebührenordnung, soweit sie nicht bereits als Kosten nach Nummer 4 Buchstabe a berücksichtigt sind.

13. Die Kosten der Sach- und Haftpflichtversicherung. Hierzu gehören namentlich die Kosten der Versicherung des Gebäudes gegen Feuer-, Sturm-, Wasser- sowie sonstige Elementarschäden, der Glasversicherung, der Haftpflichtversicherung für das Gebäude, den Öltank und den Aufzug einschließlich des Schutzes vor Mietausfallschäden.

14. Die Kosten für den Hauswart. Hierzu gehören die Vergütung, die Sozialbeiträge und alle geldwerten Leistungen, die der Eigentümer oder Erbbauberechtigte dem Hauswart für seine Arbeit gewährt, soweit diese nicht die Instandhaltung, Instandsetzung, Erneuerung, Schönheitsreparaturen oder die Hausverwaltung betreffen; soweit Arbeiten vom Hauswart ausgeführt werden, dürfen Kosten für Arbeitsleistungen nach den Nummern 2 bis 10 und 16 nicht angesetzt werden.

15. Die Kosten

a) des Betriebs der Gemeinschafts-Antennenanlage, hierzu gehören die Kosten des Betriebsstroms und die Kosten der regelmäßigen Prüfung ihrer Betriebsbereitschaft einschließlich der Einstellung durch eine Fachkraft oder das Nutzungsentgelt für eine nicht zu dem Gebäude gehörende Antennenanlage sowie die Gebühren, die nach dem Urheberrechtsgesetz für die Kabelweitersendung entstehen, oder

b) des Betriebs der mit einem Breitbandnetz verbundenen privaten Verteilanlage; hierzu gehören die Kosten entsprechend Buchstabe a, ferner die laufenden monatlichen Grundgebühren für Breitbandanschlüsse.

16. Die Kosten des Betriebs der Einrichtungen für die Wäschepflege. Hierzu gehören die Kosten des Betriebsstroms, die Kosten der Überwachung, Pflege und Reinigung der Einrichtungen, der regelmäßigen Prüfung ihrer Betriebsbereitschaft und Betriebssicherheit sowie die Kosten der Wasserversorgung entsprechend Nummer 2, soweit sie nicht dort bereits berücksichtigt sind.

17. Folgende sonstige Betriebskosten. Kosten für die Bewachung, die Kosten für die Wartung der Entrauchungsanlagen sowie die Kosten der Reinigung und Wartung des Daches, die Kosten der Dachrinnenreinigung und die Reinigung der Lichtschächte, die Kosten der Überprüfung und Wartung der Blitzschutzanlage, der Feuerlöscher und sonstigen Feuerlöschgeräten, die Kosten für die Anmietung, Prüfung und Wartung von sonstigen Brandschutzeinrichtungen wie Rauchwarnmeldern und sonstigen

Gefahrenmeldern, die Kosten der Pflege der Dachbegrünung, ______________________________

____

______________________ ______________________________________

Ort, Datum — Unterschriften sämtlicher Mieter

______________________ ______________________________________

Ort, Datum — Unterschriften sämtlicher Vermieter

Hausordnung

Anlage Nr. 2 zum Mietvertrag vom ______________________

1. Ordnungsbestimmungen

Jeder Mieter hat sich so zu verhalten, dass die Bewohner und andere Personen, die sich im oder am Mietobjekt aufhalten, nicht verletzt, gefährdet oder über das unvermeidbare Maß hinaus beeinträchtigt werden und die von Mietern und Besuchern eingebrachten Sachen und das Mietobjekt weder zerstört, beschädigt noch gefährdet werden. Im Einzelnen gilt folgendes:

1.1. Brandschutzbestimmungen

Alle Bestimmungen zum Brandschutz, insbesondere über die Lagerung von feuergefährlichen beziehungsweise brennbaren Stoffen, sind einzuhalten.

Auf dem Boden und im Keller sind offenes Licht und Rauchen nicht gestattet. Feuergefährliche und leicht entzündbare Stoffe wie Lacke, Benzin, Spiritus, Öl, Feuerwerkskörper dürfen weder im Keller noch auf dem Boden gelagert werden.

Soweit es dem Mieter nicht zumutbar ist, Gegenstände des täglichen Bedarfs wie Kinderwägen, Rollstühle, Rollatoren und Ähnliches in die Wohnung zu bringen, dürfen diese im Hausflur abgestellt werden, wenn andere Mitbewohner nicht unzumutbar behindert und die Fluchtwege nicht verstellt werden. Im Übrigen ist das Lagern und Abstellen von Gegenständen und Möbeln auf den Gemeinschaftsflächen, insbesondere im Keller, auf dem Boden, im Treppenhaus, auf den Treppenpodesten und auf den Fluren untersagt.

Der Mieter darf Änderungen an Feuerstätten und Abzugsrohren nur mit Einwilligung des Vermieters, der zuständigen Behörden und des zuständigen Schornsteinfegers vornehmen und ist verpflichtet, die Umgebung der Feuerstätten, insbesondere den Fußboden, ausreichend gegen Feuer zu schützen. Es dürfen nur geeignete und für die Feuerstätte zugelassene Brennmaterialien verwendet werden, die ordnungsgemäß auf den dafür vorgesehenen Flächen zu lagern sind.

Motorräder, Mopeds und Motorroller dürfen nur auf den vorgesehenen Stellplätzen und in den Garagen abgestellt werden.

1.2. Lärm

Jeder Mieter ist dafür verantwortlich, dass vermeidbarer Lärm im Mietobjekt und auf dem Grundstück unterbleibt. Die Ruhezeiten von 13 bis 15 Uhr sowie zwischen 22 und 7 Uhr sowie ganztägig an Sonn- und Feiertagen sind einzuhalten. Radios, Fernsehen, CD-Player, Computer und ähnliche Geräte sind auf Zimmerlautstärke zu betreiben.

Soweit beim Spielen von Instrumenten oder durch Gesang Zimmerlautstärke überschritten wird, darf an Werktagen nicht länger als drei und an Sonn- und Feiertagen nicht länger als zwei Stunden musiziert werden. Die Mittagsruhe (13 bis 15 Uhr) und die nächtlichen Ruhezeiten (20 Uhr bis 9 Uhr) sind einzuhalten.

1.3. Nutzung der Balkone und der Terrassen

Auf den Balkonen und Terrassen darf weder mit Holzkohle noch mit anderen brennbaren Materialien gegrillt oder geheizt werden. Offene Feuer sind untersagt.

Es darf dort nur geraucht werden, wenn ausgeschlossen ist, dass es zu gesundheitsgefährdenden Immissionen in andere Wohnungen einschließlich von Balkonen und Terrassen kommt. Im Übrigen ist das Rauchen auf Balkonen und Terrassen an geraden Tagen nur von 7 bis 14 Uhr und an ungeraden Tagen nur von 14 bis 19 Uhr gestattet

Die Balkone und Terrassen sind von Laub, Schnee und Eis zu räumen. Es ist darauf zu achten, dass die Abflüsse von Balkonen und Terrassen nicht verstopft oder verunreinigt werden.

1.4. Haustiere

Der Mieter hat sicherzustellen, dass sich seine Haustiere nicht unbeaufsichtigt auf den Gemeinschaftsflächen und in den Außenanlagen aufhalten. Von den Spielplätzen sind die Haustiere fernzuhalten. Von den Haustieren verursachte Verunreinigungen sind umgehend zu entfernen.

1.5. Reinigung und Müllentsorgung

Haus und Grundstück sind in einem sauberen Zustand zu erhalten.

Müll ist konsequent zu trennen und darf nur in die dafür vorgesehenen Mülltonnen und Container entsorgt werden. Sondermüll und Sperrgut gehören nicht in diese Behälter. Sie sind nach den örtlichen Bestimmungen ordnungsgemäß zu entsorgen.

2. Sorgfaltspflichten

2.1. Nutzung der Gemeinschaftsflächen

Der Mieter hat darauf zu achten, dass insbesondere in der kalten Jahreszeit die Fenster und Türen zum Hausflur, dem Treppenhaus, Kellerfenster und sonstigen Gemeinschaftsräumen geschlossen sind, soweit ein Öffnen nicht für die notwendige Lüftung unvermeidbar ist.

Die Vorschriften über die Bedienung von Aufzügen sind zu beachten.

Gehwege und Außenflächen mit Ausnahme der Garageneinfahrten, der Parkplätze und deren Zuwegungen dürfen nicht mit motorisierten Fahrzeugen befahren werden. Das Abstellen von motorisierten Fahrzeugen auf dem Grundstück ist nur auf den gekennzeichneten Stellplätzen zulässig, soweit diese nicht einzelnen Mietern zugewiesen sind. Auf dem Grundstück dürfen motorisierte Fahrzeuge weder gewaschen noch dürfen Ölwechsel und Reparaturen durchgeführt werden. Die Garageneinfahrten und Parkplätze dürfen nur mit Schrittgeschwindigkeit befahren werden.

Das Abstellen von Fahrrädern ist nur auf den vorgesehenen Flächen und im Fahrradkeller gestattet.

Auf Gemeinschaftsflächen (insbesondere Hausfluren und nicht zur alleinigen Nutzung überlassenen Außenanlagen) ist das Rauchen untersagt.

2.2. Nutzung der Mieträume

Es ist sicherzustellen, dass andere Mieter nicht durch den Betrieb von Geschirrspülmaschinen, Waschmaschinen und Trocknern belästigt werden. Nur funktionssichere Geräte, die ordnungsgemäß angeschlossen wurden, dürfen betrieben werden.

Gas-, Bewässerungs- und Entwässerungsanlagen, die elektrische Anlage und sonstige Hauseinrichtungen dürfen nicht beschädigt werden. Verstopfungen der Abflussrohre sind zu vermeiden.

Beim Lüften ist darauf zu achten, dass es nicht zu Geruchsbelästigungen anderer Mieter kommt.

Türen und Fenster sind bei Abwesenheit und bei Unwetter geschlossen zu halten.

Blumenkästen und Blumenbretter dürfen nur mit Zustimmung des Vermieters an der Außenseite der Fenster und der Außenseite der Balkonbrüstung angebracht werden. Sie sind sicher zu befestigen. Beim Gießen ist sicherzustellen, dass kein Wasser aus den Blumenkästen austritt, insbesondere nicht an der Hauswand herunterläuft und auf die Fenster und Balkone/Terrassen anderer Mieter tropft.

____________________ ______________________________

Ort, Datum | Unterschriften sämtlicher Mieter

____________________ ______________________________

Ort, Datum | Unterschriften sämtlicher Vermieter

Vereinbarung zum Lüften und Heizen

Anlage Nr. 3 zum Mietvertrag vom ______________________________

Das nachfolgend zwischen Mieter und Vermieter vereinbarte Lüftungs- und Heizverhalten hat der Mieter sorgfältig zu beachten.

Es dient dazu, Schäden durch Kälte, Feuchtigkeit und Schimmel an der Mietsache und den darin befindlichen Gegenständen zu vermeiden. Auch stellt es ein gesundes Raumklima sicher und beugt gesundheitlichen Schäden der Bewohner vor.

Eine effiziente Belüftung und Heizung spart zudem Energie und senkt damit die Betriebskosten des Mieters.

1. Lüftungsverhalten

Der Mieter verpflichtet sich, das Mietobjekt dreimal täglich für mindestens zehn Minuten zu lüften. Dabei sind sämtliche Fenster vollständig zu öffnen. Alle Fenster, insbesondere die Fensterbretter, sind freizuhalten, sodass sie sich vollständig öffnen lassen.

Sollte der Mieter einen verstärkten Feuchtigkeitseintrag in der Mietsache bewirken (zum Beispiel durch Pflanzen, Aquarien, Terrarien oder Ähnliches), passt er das Lüftungsverhalten entsprechend an und lüftet häufiger.

Wichtiger Hinweis: Fenster in Kippstellung bewirken keine Lüftung im Sinne dieser Vereinbarung!

2. Heizverhalten

Der Mieter verpflichtet sich, sämtliche Räume, soweit ausreichende Heizmöglichkeiten vorhanden sind, mindestens einmal täglich für fünf Stunden so zu beheizen, dass in der Raummitte, einen Meter über den Boden, eine Temperatur von mindestens 20 Grad Celsius erreicht wird. Er verpflichtet sich, sämtliche Heizkörper freizuhalten und nicht zu verdecken oder mit Gegenständen zuzustellen, um eine optimale Luftzirkulation zu gewährleisten.

3. Hinweise zur Möblierung

Der Mieter verpflichtet sich, das Mietobjekt so zu möblieren, dass Gegenstände, die eine zur Außenwand ausgerichtete Fläche von mindestens einem Quadratmeter aufweisen, einen Mindestabstand von mindestens 10 Zentimetern zur Außenwand wahren. An den Außenwänden dürfen weder Verkleidungen noch Tücher oder ähnliche Gegenstände angebracht werden.

______________________ ______________________________

Ort, Datum | Unterschriften sämtlicher Mieter

______________________ ______________________________

Ort, Datum | Unterschrift sämtlicher Vermieter

Mietvertrag über Stellplatz/Garage

Zwischen ____

____

____

Name, Vorname, Anschrift (nachfolgend Vermieter genannt, auch wenn es sich um mehrere handelt)

und ____

____

____

bisher wohnhaft: ____

____

____

Name, Vorname, Anschrift (nachfolgend Mieter genannt, auch wenn es sich um mehrere handelt)

§ 1 Mietobjekt

(1) Der Vermieter vermietet dem Mieter zum Abstellen eines Kraftfahrzeugs bis zu einem zulässigen Gesamtgewicht von ________ Tonnen auf dem Grundstück

____

____

(genaue Adresse)

☐ den Stellplatz Nr. ________

☐ die Garage Nr. ________

☐ den/die gemäß beigefügtem Lageplan ersichtliche/n ☐ Stellplatz ☐ Garage

§ 2 Mietdauer und Befristung

(1) Das Mietverhältnis beginnt am ________________

☐ Es läuft auf unbestimmte Zeit und kann von jeder Vertragspartei mit einer Frist von drei Monaten zum Ende des Monats gekündigt werden. Die Kündigung muss jeweils am dritten Werktag des ersten Monats der Kündigungsfrist bei der anderen Vertragspartei eingegangen sein.

☐ Die Kündigung ist jedoch beiderseits erstmals zum ________________ zulässig.

☐ **Nur bei Befristung:**
Das Mietverhältnis ist bis zum ________________ befristet.

☐ Es verlängert sich jeweils um ________ Monate, wenn der Fortsetzung des Mietverhältnisses nicht unter Einhaltung einer Frist von drei Monaten widersprochen worden ist.

(2) Setzt der Mieter den Gebrauch der Mietsache nach Ablauf der Mietzeit fort, so gilt das Mietverhältnis als nicht verlängert. Die Verlängerung des Mietverhältnisses bedarf einer schriftlichen Vereinbarung. § 545 BGB findet keine Anwendung.

§ 3 Miete

(1) Die monatliche Miete beträgt inklusive Nebenkosten ______________ Euro.

(2) Die in Abs. 1 festgelegte Miete erhöht sich

zum ____________ um _____ %, mithin um _________ Euro auf _________ Euro monatlich

zum ____________ um _____ %, mithin um _________ Euro auf _________ Euro monatlich

§ 4 Zahlungsweise

Die Mietzahlung ist monatlich im Voraus, porto- und spesenfrei, so rechtzeitig zu veranlassen, dass bei unverzüglicher Überweisung durch die beteiligten Banken der Betrag spätestens am dritten Werktag eines jeden Monats auf dem Konto des Vermieters bei der

____

IBAN ____ BIC ____________________________

eingeht. Verzögerungen, die auf einem Verschulden der beteiligten Banken beruhen, hat der Mieter nicht zu vertreten.

§ 5 Schlüssel und Transponder

(1) Der Mieter erhält _________ Schlüssel und _________ Transponder für die Zufahrt zum Mietobjekt. Er darf ohne Zustimmung des Vermieters keine weiteren Schlüssel/Transponder anfertigen lassen.

§ 6 Mietsicherheit

(1) Der Mieter verpflichtet sich, für die Einhaltung aller sich aus diesem Vertrag ergebenden Verbindlichkeiten eine Mietsicherheit in Höhe von ___________ Euro durch Zahlung an den Vermieter zu leisten.

(2) Die Rückgabe der Mietsicherheit wird frühestens sechs Monate nach der vollständigen Rückgabe des Stellplatzes/der Garage fällig, sofern keine Gegenansprüche des Vermieters mehr bestehen.

§ 7 Aufrechnung und Zurückbehaltungsrecht

(1) Der Mieter kann gegen eine Mietforderung mit einer Forderung aus §§ 536 a, 539 BGB oder aus ungerechtfertigter Bereicherung wegen zu viel gezahlter Miete nur aufrechnen, wenn er dem Vermieter seine Absicht mindestens einen Monat vor Fälligkeit der Miete in Textform angezeigt hat.

(2) Mit anderen Forderungen aus dem Mietverhältnis kann der Mieter nur aufrechnen, wenn sie unbestritten sind, rechtskräftig festgestellt wurden oder entscheidungsreif sind. Das Leistungsverweigerungsrecht des Mieters aus § 320 BGB bleibt unberührt.

§ 8 Zustand des Stellplatzes/der Garage, Haftung des Vermieters

(1) Die verschuldensunabhängige Haftung des Vermieters für anfängliche Sachmängel wird ausgeschlossen.

(2) Wegen anderer Mängel kann der Mieter vom Vermieter Schadensersatz nur verlangen, soweit der Vermieter und/oder seinen Erfüllungsgehilfen Vorsatz oder grobe Fahrlässigkeit zur Last fällt oder sich der Vermieter mit der Mängelbeseitigung im Verzug befindet.

(3) Die Haftung für Schäden aus der Verletzung des Lebens, des Körpers oder der Gesundheit, die auf einer vorsätzlichen oder fahrlässigen Pflichtverletzung des Vermieters oder seiner Erfüllungsgehilfen beruhen, sowie das Recht des Mieters zur Mietminderung oder zur fristlosen Kündigung bleiben von den Absätzen 1 und 2 unberührt.

Dem Mieter ist bekannt, dass das Mietobjekt folgende Mängel aufweist:

____

____

____

(genau beschreiben)

§ 9 Benutzung des Mietobjekts und Überlassung an Dritte

(1) Der Mieter darf das Mietobjekt nur zum Abstellen eines Kraftfahrzeugs sowie von Fahrrädern verwenden.

(2) In der Garage darf der Mieter auch das zur Wartung und Pflege des Fahrzeugs notwendige Zubehör (Reifen, Putzmittel, Werkzeug) aufbewahren. Dabei hat der Mieter die Vorschriften über das Lagern von brennbaren Gegenständen in Garagen zu beachten.

(3) Der Mieter ist nicht berechtigt, das angemietete Objekt ohne vorherige Erlaubnis der Vermieter unterzuvermieten oder sonst einem Dritten zu überlassen. Das vorübergehende Abstellen von Fahrzeugen eines Besuchers/Mitbewohners des Mieters ist jedoch zulässig.

§ 10 Beendigung des Mietverhältnisses

(1) Bei Beendigung des Mietverhältnisses ist das Mietobjekt vollständig geräumt und sauber zurückzugeben.

(2) Der Mieter hat alle ihm übergebenen Schlüssel und Transponder, auch selbst beschaffte, zurückzugeben. Er haftet für sämtliche Schäden, die dem Vermieter oder einem Nachmieter aus der Verletzung der Pflichten entstehen.

§ 11 Winterdienst

(1) Auf den Zufahrten und Zugängen zum Mietobjekt wird der Winterdienst (Beseitigung von Eis und Schnee sowie von Glätte) vom Vermieter durchgeführt.

(2) Die Beseitigung von Eis und Schnee auf dem Stellplatz selbst obliegt dem Mieter.

§12 Hausordnung

Die als Anlage 1 beigefügte Hausordnung ist Bestandteil des Mietvertrags.

§13 Besondere Vereinbarungen

Folgende zusätzliche Absprachen wurden vereinbart: ______________________________

____

____

____

§14 Sonstiges

(1) Mündliche Nebenabreden sind nicht getroffen. Änderungen dieses Mietvertrages bedürfen der Schriftform. Auch eine Vereinbarung, dass die Schriftform nicht mehr gelten soll, bedarf der Schriftform. Die Parteien verpflichten sich, die entsprechenden Schriftstücke mit diesem Mietvertrag fest zu verbinden.

(2) Mehrere Personen als Mieter oder Vermieter haften für alle Verpflichtungen aus dem Mietvertrag als Gesamtschuldner. Mehrere Mieter sind untereinander jeweils bevollmächtigt, rechtsverbindliche Erklärungen für alle Mieter in Empfang zu nehmen. Dies gilt nicht für Erklärungen im Zusammenhang mit der Beendigung des Mietverhältnisses.

(3) Die Unwirksamkeit einer der vorstehenden Klauseln berührt die Wirksamkeit des Vertrags im Übrigen nicht.

§15 Anlagen

Folgende Anlagen sind Bestandteil des Mietvertrags und mit diesem fest zu verbinden:

☐ **Anlage 1** Hausordnung

☐ **Anlage 2** ______________________________

☐ **Anlage 3** Lageplan

______________________	______________________________________
Ort, Datum	Unterschriften sämtlicher Mieter

______________________	______________________________________
Ort, Datum	Unterschriften sämtlicher Vermieter

Name

Straße

PLZ, Ort

Telefon

Mobil

E-Mail

Datum, Ort

Nebenkostenabrechnung für Mietobjekt: ____________________

Sehr geehrte(r) ____________________

nachfolgend erhalten Sie die Abrechnung über Ihre Vorauszahlungen für Betriebs- und Heizkosten für das Kalenderjahr ________ .

Auf Ihre Wohnung entfallen die aus der in Kopie beigefügten Jahresabrechnung der Wohnungseigentümergemeinschaft ersichtlichen umlagefähigen Betriebskosten.

Die Heiz- und Warmwasserkosten entnehmen Sie bitte der beigefügten Heiz- und Warmwasserkostenabrechnung.

Hinzu kommen die Grundsteuer sowie nachfolgende nur auf Ihre Wohnung entfallende Betriebskosten.
Es ergibt sich folgende Abrechnung:

Umlagefähige Betriebskosten gemäß beigefügter Jahresabrechnung der Wohnungseigentümergemeinschaft	
+ Grundsteuer	
+ Sonstige nur auf Ihre Wohnung entfallende nachfolgend aufgeführte Betriebskosten	
= Ihre Betriebskosten gesamt	
+ Ihre Heiz und Warmwasserkosten gemäß beigefügter Abrechnung	
– Ihre geleisteten Betriebskostenvorauszahlungen	
– Ihre geleisteten Heiz- und Warmwasserkostenvorauszahlungen	
= Ihre Nachzahlung/Ihr Guthaben (Ein Guthaben ist mit einem – ausgewiesen)	

Bitte teilen Sie mir/uns für die Überweisung Ihres Guthabens Ihre Bankverbindung mit. Ich/Wir behalte/n mir/uns vor, gegebenenfalls mit Mietrückständen aufzurechnen.

Einen Nachzahlungsbetrag überweisen Sie bitte innerhalb von 30 Tagen nach Zugang dieser Abrechnung auf mein/unser Ihnen bekanntes Konto. Beachten Sie bitte, dass Sie sich nach Ablauf dieser 30 Tage im Verzug mit dem Nachzahlungsbetrag befinden und der Nachzahlungsbetrag ab dann mit fünf Prozentpunkten über dem Basiszinssatz zu verzinsen ist.

Aufgrund der Abrechnung passen wir die Nebenkostenvorauszahlungen mit Wirkung zum 1., der auf den Zugang dieser Abrechnung folgt, wie folgt an:

Betriebskostenvorauszahlungen bisher ____________________ Euro

Betriebskostenvorauszahlungen neu
(1/12 des Gesamtabrechnungsbetrages) ____________________ **Euro**

Vorauszahlungen für Heizung und Warmwasser bisher ____________________ Euro

Vorauszahlungen für Heizung und Warmwasser neu
(1/12 des Gesamtabrechnungsbetrages) ____________________ **Euro**

Bitte berücksichtigen Sie die Anpassung bei Ihrer nächsten Mietzahlung.

Mit freundlichen Grüßen

____________________ ____________________

Ort, Datum Unterschriften sämtlicher Vermieter

Name

Straße

PLZ, Ort

Telefon

Mobil

E-Mail

Datum, Ort

Nebenkostenabrechnung für Mietobjekt: ____________________

Sehr geehrte(r) ____________________

nachfolgend erhalten Sie die Abrechnung über Ihre Vorauszahlungen für Betriebs- und Heizkosten für das Kalenderjahr ______ .

Soweit nicht nachfolgend etwas anderes aufgeführt ist, wurden die Betriebskosten nach dem Verhältnis

☐ Ihrer Wohnfläche (__________ m^2) zur Gesamtwohnfläche der Wirtschaftseinheit (__________ m^2) **(Verteilerschlüssel 1)**

☐ der auf Ihr Mietobjekt entfallenden __________ Miteigentumsanteile (MEA) zu den auf die Wirtschaftseinheit insgesamt entfallenden __________ Miteigentumsanteile (MEA) umgelegt **(Verteilerschlüssel 2)**.

Für nachfolgende Betriebskosten gilt nach den mietvertraglichen Vereinbarungen folgender Umlageschlüssel:

☐ Die Kosten der Grundsteuer wurden gemäß den mietvertraglichen Vereinbarungen entsprechend dem Grundsteuerbescheid für das Mietobjekt ermittelt **(Verteilerschlüssel 3).**

☐ Die Kosten für Be- und Entwässerung wurden nach dem anteiligen Verbrauch umgelegt **(Verteilerschlüssel 4).** Der Gesamtverbrauch (Kalt- und Warmwasser) aller Wohneinheiten für die Wasserversorgung beträgt __________ m^3. Für Ihr Mietobjekt wurde folgender Verbrauch ermittelt:

Zählernummer	Zählerstand (alt)	Zählerstand (neu)	Verbrauch
Gesamtverbrauch Ihrer Einheit			

☐ Die Kosten für Kabelanschluss/Antennenanschluss habe/n ich/wir entsprechend der Anzahl der Einheiten umgelegt. Mithin entfallen auf Sie bei ________ Einheiten in der Wirtschaftseinheit 1/______ der Gesamtkosten **(Verteilerschlüssel 5)**.

☐ Bei den Kosten für den maschinellen Personen- und Lastenaufzug wurden die Einheiten
☐ im Erdgeschoss ☐ im ____________________ nicht berücksichtigt, sodass
☐ nur ______ m^2 Gesamtfläche ☐ nur ______ MEA als Gesamteinheiten zu berücksichtigen waren **(Verteilerschlüssel 6)**.

Demnach berechnen sich die anteilig auf Sie entfallenden Betriebskosten wie folgt:

Nebenkostenart	**Gesamtkosten** (in Euro)	**Verteiler-schlüssel**	**Gesamteinheiten**	**Ihre Einheiten**	**Ihre Kosten** (in Euro)
Grundsteuer		☐ 1	m^2	m^2	
		☐ 2	MEA	MEA	
		☐ 3			
Sonstige öffentliche Lasten		☐ 1	m^2	m^2	
		☐ 2	MEA	MEA	
Wasserversorgung		☐ 1	m^2	m^2	
		☐ 2	MEA	MEA	
		☐ 4	m^3	m^3	
Entwässerung		☐ 1	m^2	m^2	
		☐ 2	MEA	MEA	
		☐ 4	m^3	m^3	
Kosten eines maschinellen Personen- oder Lastenaufzugs		☐ 1	m^2	m^2	
		☐ 2	MEA	MEA	
		☐ 6			
Gehweg- und Straßenreinigung		☐ 1	m^2	m^2	
		☐ 2	MEA	MEA	

Nebenkostenart	Gesamtkosten (in Euro)	Verteiler-schlüssel	Gesamteinheiten	Ihre Einheiten	Ihre Kosten (in Euro)
Winterdienst		☐ 1	m^2	m^2	
		☐ 2	MEA	MEA	
Hausreinigung		☐ 1	m^2	m^2	
		☐ 2	MEA	MEA	
Hauswart		☐ 1	m^2	m^2	
		☐ 2	MEA	MEA	
Ungeziefer-bekämpfung		☐ 1	m^2	m^2	
		☐ 2	MEA	MEA	
Gartenpflege		☐ 1	m^2	m^2	
		☐ 2	MEA	MEA	
Schornstein-reinigung		☐ 1	m^2	m^2	
		☐ 2	MEA	MEA	
Allgemeinbeleuch-tung/Hausstrom		☐ 1	m^2	m^2	
		☐ 2	MEA	MEA	
Gebäude-versicherung		☐ 1	m^2	m^2	
		☐ 2	MEA	MEA	
Haftpflicht-versicherung		☐ 1	m^2	m^2	
		☐ 2	MEA	MEA	
Gemeinschafts-antenne/Kabel-fernsehen		☐ 1	m^2	m^2	
		☐ 2	MEA	MEA	
		☐ 5	______ Einheiten	1 Einheit	
Sonstige Betriebs-kosten		☐ 1	m^2	m^2	
		☐ 2	MEA	MEA	

Ihre Betriebskosten gesamt	
+ Ihre Heiz- und Warmwasserkosten gemäß beigefügter Abrechnung	
– Ihre geleisteten Betriebskostenvorauszahlungen	
– Ihre geleisteten Heiz- und Warmwasserkostenvorauszahlungen	
Ihre Nachzahlung/Ihr Guthaben (Ein Guthaben ist mit einem – ausgewiesen)	

Damit wir Ihnen das Guthaben überweisen können, bitten wir um Mitteilung Ihrer Bankverbindung. Wir behalten uns vor, ein Guthaben gegebenenfalls mit Mietrückständen aufzurechnen. Einen Nachzahlungsbetrag überweisen Sie bitte innerhalb von 30 Tagen nach Zugang dieser Abrechnung auf unser Ihnen bekanntes Konto. Wir weisen darauf hin, dass Sie sich nach Ablauf dieser 30 Tage im Verzug mit dem Nachzahlungsbetrag befinden und der Nachzahlungsbetrag ab dann mit 5 Prozentpunkten über dem Basiszinssatz zu verzinsen ist.

Aufgrund der Abrechnung passen wir die Betriebskosten- sowie die Heiz- und Warmwasserkostenvorauszahlungen mit Wirkung zum 1. des Monats, der auf den Zugang dieser Abrechnung folgt, wie folgt an:

Betriebskostenvorauszahlungen bisher ____________________ Euro

Betriebskostenvorauszahlungen neu
(1/12 des Gesamtabrechnungsbetrags) ____________________ **Euro**

Vorauszahlungen für Heizung und Warmwasser bisher ____________________ Euro

Vorauszahlungen für Heizung und Warmwasser neu
(1/12 des Gesamtabrechnungsbetrags) ____________________ **Euro**

Wir möchten Sie bitten, die Anpassung bei Ihrer nächsten Mietzahlung zu berücksichtigen.

Mit freundlichen Grüßen

____________________ ____________________

Ort, Datum Unterschriften sämtlicher Vermieter

Name

Straße

PLZ, Ort

Telefon

Mobil

E-Mail

Datum, Ort

Mieterhöhungsverlangen für Mietobjekt: ______

Sehr geehrte(r) ______

die Miete für das im Betreff bezeichnete Mietobjekt ist seit einem Jahr unverändert und entspricht nicht mehr der ortsüblichen Vergleichsmiete. Nach § 558 BGB ist der Vermieter daher berechtigt, Ihre Zustimmung zu einer Erhöhung auf die ortsübliche Vergleichsmiete zu verlangen.

Die ortsübliche Vergleichsmiete für das Mietobjekt beträgt monatlich ______ Euro pro Quadratmeter netto kalt, sodass sich für das Mietobjekt mit einer Fläche von ______ Quadratmetern eine neue Miete von ______ Euro netto kalt ergibt.

Ich/wir möchte/n Sie bitten, dieser Mieterhöhung zum 1. des dritten Monats, der auf den Zugang dieses Mieterhöhungsverlangens folgt, also zum ______ zuzustimmen.

Zur Begründung des Mieterhöhungsverlangens verweise/n ich/wir

☐ auf den Mietspiegel aus dem Jahr ______ der Gemeinde ______.
Ihre Wohnung ist in das Mietspiegelfeld ______ mit einer Mietspanne von ______ bis ______ Euro pro Quadratmeter netto kalt einzuordnen, da das Gebäude im Jahr ______ errichtet wurde und ______. Die neue Miete liegt innerhalb dieser Spanne.

☐ auf die beigefügte Auskunft aus der Mietdatenbank, die für vergleichbare Objekte eine Miete von ______ bis ______ Euro netto kalt ausweist.

☐ auf das in Kopie beigefügte Gutachten des öffentlich bestellten und vereidigten Sachverständigen ______ vom ______.

☐ auf die in nachfolgenden Vergleichswohnungen in den letzten vier Jahren vereinbarten oder geänderten Mieten:

Adresse	Lage im Gebäude	Baualter	Größe	Miete	Miete pro m^2 netto kalt

☐ In der Gemeinde ______________________________ besteht ein qualifizierter Mietspiegel im Sinne von § 558 d BGB mit dem Stichtag ____________. Ihre Wohnung ist in das Mietspiegelfeld ________________ einzuordnen, das eine Nettokaltmiete in einer Spanne von ________ bis ________ Euro netto kalt pro Quadratmeter ausweist. Wir sind jedoch der Auffassung, dass diese Spanne die ortsübliche Miete für das Mietobjekt nicht zutreffend wiedergibt, weil

____.

Die Kappungsgrenze von ☐ 15% ☐ 20% ist gewahrt. Ihre Miete betrug am ____________ netto/kalt ____________ Euro. ☐ 15% ☐ 20% hiervon sind ____________ Euro. Hinzu kommt eine Mieterhöhung nach erfolgter Modernisierung gemäß § 559 BGB vom ____________ über ____________ Euro, sodass die Kappungsgrenze ____________ Euro beträgt. Die neue Miete übersteigt diesen Betrag nicht.

Ich/wir bitte/n Sie, dem Mieterhöhungsverlangen bis zum Ende des zweiten Monats, der auf den Zugang dieses Mieterhöhungsverlangens folgt, also bis zum ____________ zuzustimmen. Sie können dazu die beigefügte Zweitschrift an der dafür vorgesehenen Stelle unterzeichnen und mir/uns bis zum ____________ zurückschicken. Bitte beachten Sie, dass alle Mieter die Zustimmung erteilen müssen. Sollte die Zustimmung nicht fristgerecht eingehen, sehe/n ich/wir mich/uns gezwungen, gegen Sie Klage auf Zustimmung zur Mieterhöhung zu erheben.

Anlage: Zweitschrift des Mieterhöhungsverlangens für Ihre Zustimmung

Mit freundlichen Grüßen

____

Ort Datum, Unterschriften sämtlicher Vermieter

Ich/wir stimme/n der Erhöhung der Nettomiete von bisher monatlich ____________ Euro auf ____________ Euro monatlich mit Wirkung vom ________________ zu.

Mit freundlichen Grüßen

____

Datum, Unterschriften sämtlicher Mieter

Name

Straße

PLZ, Ort

Telefon

Mobil

E-Mail

Datum, Ort

Erhöhung der Indexmiete für Mietobjekt: ______________________

Sehr geehrte(r) ______________________

in § ____________ des Mietvertrags haben wir vereinbart, dass die Miete der Entwicklung des vom Statistischen Bundesamt ermittelten Preisindex für die Lebenshaltung aller privaten Haushalte (VPI) angepasst wird.

Wie Sie der Internetseite des Statistischen Bundesamts entnehmen können, betrug dieser Preisindex im Monat

☐ des Vertragsschlusses ☐ der letzten Anpassung der Miete

bezogen auf den Stand 2015 = 100 ________ (nachfolgend VPI alt).

Im Monat ____________ betrug der Preisindex für die Lebenshaltung aller privaten Haushalte (VPI)

bezogen auf den Stand 2015 = 100 ________ (nachfolgend VPI neu).

Die Miete wird daher dieser Entwicklung des Preisindex nach folgender Formel angepasst:

Neue Miete = alte Miete multipliziert mit VPI neu geteilt durch VPI alt

Es ergibt sich eine neue

☐ Nettomiete von ________________ Euro monatlich zuzüglich Betriebskostenvorschüsse bzw. Betriebskostenpauschale und Heiz- und Warmwasserkostenvorschüsse in bisheriger Höhe.

☐ Bruttomiete von ________________ Euro monatlich zuzüglich Heiz- und Warmwasserkostenvorschüsse in bisheriger Höhe.

Gemäß § 557 b Abs. 3 BGB tritt die Mieterhöhung mit Wirkung zum übernächsten Monat, der auf den

Zugang dieses Schreibens folgt, also zum 1. ________________, ein.

Bitte beachten Sie die Änderung der Miete.

Mit freundlichen Grüßen

Ort, Datum, Unterschriften sämtlicher Vermieter

Name

Straße

PLZ, Ort

Telefon

Mobil

E-Mail

Datum, Ort

Genehmigung einer Untervermietung für Mietobjekt: ____________________

Sehr geehrte(r) ____________________

mit Schreiben vom ____________ haben Sie mich/uns um Erlaubnis gebeten,

☐ das von Ihnen angemietete Objekt

☐ einen Teil des von Ihnen gemieteten Objekts unterzuvermieten.

Hiermit wird die Untervermietung gestattet. Die Erlaubnis bezieht sich nur auf den Zeitraum

vom ____________ bis zum ____________ und nur auf die von Ihnen benannte/n Person/en:

____

____

____

Der Einzug von weiteren und/oder anderen Personen als den von Ihnen benannten wird ausdrücklich untersagt. Ich/Wir behalte/n mir/uns vor, die Erlaubnis zur Untervermietung jederzeit zu widerrufen, wenn eine für die Untervermietung maßgebliche Veränderung der Umstände eintritt.

Durch die Untervermietung werden die gemieteten Räumlichkeiten abweichend von den mietvertraglichen Vereinbarungen zusätzlich genutzt und abgenutzt. Deshalb erteile/n ich/wir die Erlaubnis zur Untervermietung nur unter der Bedingung einer Erhöhung der Miete von ________ Prozent gemäß § 553 Abs. 2 BGB, ausgehend von der derzeitigen monatlichen Nettokaltmiete.

Im Hinblick auf eine Untervermietung ist eine Erhöhung der Miete in Höhe von ________ Euro für den Zeitraum vom ____________ bis einschließlich zum ____________ zu zahlen. Die Erhöhung würde damit ________ Prozent der Nettokaltmiete entsprechen und Sie würden entgegen § ________ des Mietvertrags vom ____________ statt ________ Euro zukünftig ________ Euro monatlich ab dem ____________ zahlen.

Die Erhöhung berechnet sich wie folgt:

(____________ € x ______ %) + ____________ € = ____________ €
bisherige Nettokaltmiete | Betriebskosten | Untermietzuschlag

Die monatlich zu leistende Miete beträgt dann

	bis zum ____________	ab dem ____________
a. für das Mietobjekt (netto/kalt)	____________ €	____________ €
b. Betriebs- und Heizkostenvorauszahlung (unverändert)	____________ €	____________ €
Gesamt	____________ €	____________ €

Für den Fall, dass Sie mit dieser Erhöhung der Miete einverstanden sind, bitte ich um schriftliche Bestätigung. Die Untervermieterlaubnis gilt nur unter den vorstehenden Bedingungen und nur für den Fall, dass mir/uns vor Beginn der Untervermietung Ihre schriftliche Zustimmung zu vorstehend berechneter Mieterhöhung gemäß § 553 Abs. 2 BGB vorliegt.

Mit freundlichen Grüßen

____

Datum, Unterschriften sämtlicher Vermieter

Name

Straße

PLZ, Ort

Telefon

Mobil

E-Mail

Datum, Ort

Ablehnung des Antrags zur Untervermietung für Mietobjekt: ____________________

Sehr geehrte(r) ____________________

mit Schreiben vom ____________ haben Sie mich/uns um Erlaubnis gebeten,
☐ das von Ihnen angemietete Objekt ☐ einen Teil des von Ihnen gemieteten Objekts unterzuvermieten.

Hiermit wird die Erlaubnis zur Untervermietung verweigert. Die Versagung der Erlaubnis wird auf den/die folgenden Grund/Gründe gestützt:

☐ Es besteht Ihrerseits kein Anspruch auf die gewünschte vollständige Untervermietung des gesamten Mietobjektes.

☐ Ihr geltend gemachtes Interesse lag bereits bei Abschluss des Mietvertrags vor.

☐ Sie verweigern die Zahlung der Mieterhöhung nach § 553 Abs. 2 BGB.

☐ Für mich/uns ist kein berechtigtes Interesse Ihrerseits erkennbar.

☐ Ich/wir habe/n keine/unzureichende Informationen über den/die Untermieter und/oder die Konditionen des Untermietverhältnisses erhalten.

☐ Die Untervermietung würde zu einer Überbelegung führen.

☐ Eine Untervermietung wäre für mich/uns unzumutbar, da ____________________

____

Es wird ausdrücklich darauf hingewiesen, dass eine unberechtigte Untervermietung ☐ der Mietsache ☐ von Teilen der Mietsache zu einer (fristlosen) Kündigung des Mietverhältnisses führen kann.

Mit freundlichen Grüßen

____

Datum, Unterschriften sämtlicher Vermieter

Name

Straße

PLZ, Ort

Telefon

Mobil

E-Mail

Datum, Ort

Ihre Mietminderung für Mietobjekt: ______________________________

Sehr geehrte(r) ______________________________

mit Schreiben vom ____________________ haben Sie einen Mangel angezeigt.
Ich/Wir bedauere/bedauern sehr, dass Sie einen solchen Mangel feststellen mussten. Wir beheben ihn umgehend, spätestens bis zum ____________________ vollständig.

☐ Ich /wir gewähre/n Ihnen daher eine Mietminderung in Höhe von __________ Euro für den Zeitraum vom ______________ bis einschließlich zum ______________ . Die Minderung würde damit ______ Prozent der Bruttowarmmiete entsprechen und Sie würden im oben genannten Zeitraum entgegen § ______ des Mietvertrags vom ____________ statt ____________ Euro lediglich ____________ Euro monatlich zahlen.

☐ Ich /wir gewähre/n Ihnen keine Mietminderung, da der Mangel unerheblich ist beziehungsweise innerhalb kurzer Frist nach Ihrer Anzeige beseitigt wird/wurde.

Mit freundlichen Grüßen

Datum, Unterschrift Vermieter

Name

Straße

PLZ, Ort

Telefon

Mobil

E-Mail

Datum, Ort

Ihre Mietminderung für Mietobjekt: ____________________

Sehr geehrte(r) ____________________

mit Schreiben vom ____________ haben Sie einen Mangel angezeigt.

Der Mangel liegt jedoch nicht vor. Einer Mietminderung widerspreche/n ich/wir daher ausdrücklich. Bitte zahlen Sie die Miete ungemindert und vollständig weiter.

Nach meinen/unseren Berechnungen ist derzeit ein Mietrückstand in Höhe von ____________ Euro entstanden. Im Hinblick darauf erteile/n ich/wir Ihnen bereits jetzt eine Abmahnung.

Mit freundlichen Grüßen

Datum, Unterschrift Vermieter

Name

Straße

PLZ, Ort

Telefon

Mobil

E-Mail

Datum, Ort

Abmahnung wegen Ruhestörung
Mietobjekt: ______________________________

Sehr geehrte(r) ______________________________

gemäß ☐ § ________ Ihres Mietvertrags ☐ der Hausordnung ☐ der Gemeindeordnung,
wie auch aufgrund der einschlägigen gesetzlichen Bestimmungen, gehört es zu Ihren Pflichten, auf Ihre Nachbarn Rücksicht zu nehmen und Ruhestörungen zu unterlassen, insbesondere:

____

____

____

____

Leider habe/n ich/wir durch mehrere schriftliche Beschwerden erfahren müssen, dass Sie sich entgegen der genannten Pflichten verhalten. Das folgende konkrete Verhalten war vertragswidrig:

____

____

____

____

☐ Dieses Verhalten habe/n ich/wir im Rahmen eines Hausbesuches am ____________ selbst mitbekommen.

☐ Dieses Verhalten haben mir/uns folgende Personen glaubhaft geschildert:

______________________________, wohnhaft: ______________________________

____

______________________________, wohnhaft: ______________________________

____

Wegen der oben beschriebenen Ruhestörungen erhalten Sie eine **Abmahnung**. Bitte unterlassen Sie sie ab sofort. Wenn Sie dieser Aufforderung nicht nachkommen sollten, sehe/n ich/wir mich/uns gezwungen, von unserem Recht der (fristlosen) Kündigung Gebrauch zu machen.

Ich/Wir werde/n Ersatz des Schadens, der durch Ihre Pflichtverletzung entstanden ist, gegebenenfalls gesondert geltend machen. Dies gilt insbesondere, soweit andere Mieter wegen Ihrer Ruhestörung die Miete mindern, das Mietverhältnis kündigen oder anderweitige Ansprüche geltend machen.

Ich/Wir hoffe/n im gemeinsamen Interesse, dass diese Schritte nicht notwendig sein werden.

Mit freundlichen Grüßen

____

Datum, Unterschriften sämtlicher Vermieter

Name

Straße

PLZ, Ort

Telefon

Mobil

E-Mail

Datum, Ort

Abmahnung wegen unpünktlicher Mietzahlung für Mietobjekt: ______________________

Sehr geehrte(r) ______________________

gemäß § _________ des Mietvertrags vom _______________ beziehungsweise der gesetzlichen Regelung sind die Miete und die Vorauszahlung auf die Nebenkosten monatlich im Voraus spätestens bis zum dritten Werktag eines jeden Monats fällig und auf das Ihnen bekannte Vermieterkonto zu entrichten.

Ungeachtet dessen zahlten Sie in der Vergangenheit die Miete wiederholt unpünktlich beziehungsweise unvollständig. Aktuell sind Sie bei der Zahlung der Miete mit __________ Euro in Verzug.

Die von Ihnen zu leistende monatliche Miete setzt sich folgendermaßen zusammen:

a. für das Mietobjekt (netto/kalt) _______________ Euro

b. Betriebs- und Heizkostenvorauszahlung (unverändert) _______________ Euro

Gesamt _______________ Euro

Nachfolgend sind die verspäteten Zahlungseingänge dargestellt (alle Angaben in Euro):

Datum der Fälligkeit	Höhe der fälligen Miete + BKV + HKV	Datum tatsächlicher Zahlungseingang	Höhe tatsächlicher Zahlungseingang	Differenz	Rückstand insgesamt

Datum der Fälligkeit	Höhe der fälligen Miete + BKV + HKV	Datum tatsächlicher Zahlungseingang	Höhe tatsächlicher Zahlungseingang	Differenz	Rückstand insgesamt
				Gesamtrückstand Mietzahlungen	

Für den vollständigen Ausgleich der Mietrückstände habe/n ich/wir mir/uns eine Frist bis zum

____________________ notiert.

Die wiederholte verspätete beziehungsweise unvollständige Mietzahlung stellt einen erheblichen, zur Kündigung berechtigenden Verstoß gegen Ihre mietvertraglichen Pflichten dar. Ich/Wir erteile/n Ihnen hiermit eine Abmahnung und fordere/fordern Sie letztmalig auf, künftig Ihre Miete entsprechend der oben dargestellten vertraglichen Vereinbarung/gesetzlichen Regelungen pünktlich und in voller Höhe zu leisten.

Sollten Sie Ihr vertragswidriges Verhalten fortsetzen, also insbesondere die Miete auch in Zukunft verspätet oder unvollständig leisten, werde/n ich/wir ohne weitere Mahnung das Mietverhältnis fristlos kündigen.

Mit freundlichen Grüßen

______________________________ ______________________________

Ort, Datum Unterschriften sämtlicher Vermieter

Name

Straße

PLZ, Ort

Telefon

Mobil

E-Mail

Datum, Ort

Ankündigung einer Besichtigung

Mietobjekt: ______________________________

Sehr geehrte(r) ______________________________

gerne möchte/n ich/wir mit Ihnen einen Besichtigungstermin des vorbezeichneten Mietobjekts vereinbaren. Das Mietobjekt ist zum Besichtigungstermin zugänglich zu machen. Selbstverständlich können Sie oder eine von Ihnen beauftragte Vertrauensperson beim Termin anwesend sein.

Die Besichtigung soll aus folgenden Gründen stattfinden:

- ☐ Ablesung der Wasser-/Strom-/Gaszähler
- ☐ Besichtigung im Rahmen einer Neuvermietung/eines Verkaufs des Mietobjekts
- ☐ Geplante Modernisierungs-/Instandhaltungsmaßnahmen *(genau beschreiben)*: ______________________________
- ☐ Vermessung des Mietobjekts
- ☐ Behebung von (drohenden) Schäden *(genau beschreiben):* ______________________________
- ☐ Kontrolle von vorgenommenen Reparaturen an: ______________________________

☐ Begründeter Verdacht, dass das Mietobjekt nicht vertragsgemäß genutzt wird.

☐ Sonstiger Grund: ____

____

Bei der Besichtigung werden die folgenden Personen anwesend sein:

____

____

____

____

Die Besichtigung wird voraussichtlich nicht länger als ________ Minuten in Anspruch nehmen.

Meine/Unsere Terminvorschläge sind: ____________, den ____________, ________ Uhr;

____________, den ____________, ________ Uhr;

____________, den ____________, ________ Uhr.

Bitte bestätigen Sie mir/uns einen der oben genannten Termine bis zum ____________________.
Falls Sie keinen der vorgeschlagenen Termine wahrnehmen können, bitte/n ich/wir Sie, umgehend mindestens drei Alternativtermine vorzuschlagen, gerne per E-Mail oder telefonisch unter der oben genannten

Telefonnummer beziehungsweise unter der folgenden Telefonnummer: ____________________

Mit freundlichen Grüßen

____

Datum, Unterschrift Vermieter

Name

Straße

PLZ, Ort

Telefon

Mobil

E-Mail

Datum, Ort

Kündigung wegen Eigenbedarfs für Mietobjekt: ____________________

Sehr geehrte(r) ____________________

leider sehe/n ich/wir mich/uns gezwungen, das mit Ihnen seit dem __________ bestehende Mietverhältnis über die im Hause ____________________, im ☐ ____ Obergeschoss ☐ Erdgeschoss ☐ links ☐ rechts ☐ Mitte, gelegene ______ m^2 große Wohnung wegen Eigenbedarfs unter Einhaltung der gesetzlichen Kündigungsfrist zum __________, hilfsweise zum nächstzulässigen Termin zu kündigen.

Die Kündigung erfolgt nach § 573 Abs. 2 Nr. 2 BGB wegen Eigenbedarfs. Sie wird auf die folgenden Gründe gestützt:

____

____

____

____

____

____

____

____

____

____

____

____

____

____

____

Leider habe/n ich/wir selbst kein weiteres nicht vermietetes Objekt im Eigentum. Ich/Wir kann/können Ihnen daher keine Alternative zu Ihrer jetzigen Wohnung anbieten.

Gegen diese Kündigung können Sie nach § 574 BGB Widerspruch einlegen. Wenn Sie davon Gebrauch machen wollen, muss der Widerspruch gem. § 574 b Abs. 1 BGB schriftlich bis spätestens zwei Monate vor Beendigung des Mietverhältnisses, also mir/uns spätestens am ______________ zugegangen sein. Die Gründe für den Widerspruch, insbesondere die Umstände, in welchen Sie eine nicht zu rechtfertigende Härte für Sie oder Ihre Familie oder einen nahen Angehörigen Ihres Haushalts sehen, bitte/n ich/wir in dem Schreiben im Einzelnen darzulegen.

Die Fortsetzung des Mietverhältnisses lehne/n ich/wir bereits allein aus dem Grund der verspäteten Mitteilung ab, wenn Sie mir/uns den Widerspruch nicht spätestens zwei Monate vor der Beendigung des Mietverhältnisses erklären.

Einer Fortsetzung des Mietverhältnisses gemäß § 545 BGB durch Fortsetzung des Gebrauchs der Mietsache über den Beendigungszeitpunkt hinaus widerspreche/n ich/wir bereits jetzt.

Die Rückgabe des Mietobjekts in vertragsgerechtem Zustand hat spätestens bis zum Ende der Mietzeit,

also bis zum ______________ an ______________________________

zu erfolgen. Bitte vereinbaren Sie rechtzeitig einen Übergabetermin mit ______________________

______________________________ unter der Rufnummer ______________________

oder persönlich unter der Anschrift ______________________________

____.

Bei einer verspäteten Rückgabe des Mietobjekts kann eine Nutzungsentschädigung zumindest in Höhe der bisherigen Miete zuzüglich der gesetzlich zulässigen Mieterhöhungen und Umlagenerhöhungen verlangt werden; falls die marktübliche Miete für das Mietobjekt höher als die bisher vereinbarte Miete ist, kann auch der Unterschiedsbetrag zwischen der vereinbarten und der Marktmiete gefordert werden.

Des Weiteren müssen Sie für diesen Fall mit der Erhebung einer Räumungsklage rechnen, was zusätzliche Kosten verursachen wird, die dann ebenfalls von Ihnen zu tragen wären.

Mit freundlichen Grüßen

______________________ ______________________________

Ort, Datum Unterschriften sämtlicher Vermieter

Name

Straße

PLZ, Ort

Telefon

Mobil

E-Mail

Datum, Ort

Fristlose Kündigung wegen Vertragsverstoßes für Mietobjekt: ____________________

Sehr geehrte(r) ____________________

hiermit kündige/n ich/wir den mit Ihnen geschlossenen Wohnraummietvertrag über das oben genannte Mietobjekt außerordentlich fristlos, hilfsweise ordentlich zum ____________.

Die Kündigung gemäß § 543 BGB wird auf den folgenden Grund gestützt:

Mit Schreiben vom ____________ mahnte/n ich/wir Sie bereits ab, weil Sie einen erheblichen Verstoß gegen Ihre vertraglich vereinbarten Pflichten begangen haben. Dieser Verstoß lag darin, dass Sie

____

____

Meiner/unserer Aufforderung aus dem oben genannten Schreiben sind Sie nicht nachgekommen.

Die Aufforderung bestand darin, ____________________

____

____

Ungeachtet dessen haben Sie Ihr vertragswidriges Verhalten wie folgt fortgesetzt beziehungsweise wiederholt: ____________________

____________________.

Die hilfsweise erklärte fristgemäße Kündigung wird ausdrücklich auch auf § 573 Abs. 2 Nr. 1 BGB gestützt. Der fristgemäßen Kündigung können Sie unter den Voraussetzungen des § 574 BGB widersprechen. Der Widerspruch muss schriftlich bis spätestens zwei Monate vor Beendigung des Mietverhältnisses bei mir/uns eingegangen sein.

Bereits jetzt wird ausdrücklich einer stillschweigenden Verlängerung des Mietverhältnisses gemäß § 545 BGB widersprochen. Das Mietverhältnis wird auch dann nicht verlängert, wenn der/die Mieter den Gebrauch des Mietobjekts nach Ablauf der Mietzeit fortsetzt/fortsetzen.

Sie werden aufgefordert, den Wohnraum unverzüglich, spätestens bis zum ______________ zu räumen und in vertragsgemäßem Zustand nebst Schlüssel an ______________________________ herauszugeben. Bitte vereinbaren Sie telefonisch mit ______________________________ einen Übergabetermin unter der Telefonnummer ______________________________.

Bei einer verspäteten Rückgabe des Mietobjekts kann eine Nutzungsentschädigung zumindest in Höhe der bisherigen Miete zuzüglich der gesetzlich zulässigen Mieterhöhungen und Umlagenerhöhungen verlangt werden; falls die marktübliche Miete für das Objekt höher als die bisher vereinbarte Miete ist, kann auch der Unterschiedsbetrag zwischen der vereinbarten und der Marktmiete gefordert werden.

Alle bei Vertragsabschluss überlassenen Schlüssel des Mietobjekts, einschließlich Zimmertürschlüssel sowie Haustür-, Briefkasten-, Keller- und Sicherungskastenschlüssel sowie etwaige erhaltene oder selbst gefertigte Ersatzschlüssel, sind zurückzugeben. Das Mietobjekt ist vollständig von Ihren Einrichtungsgegenständen und Einbauten geräumt zurückzugeben. Soweit vertraglich geschuldet, sind Schönheitsreparaturen durchzuführen.

Schadensersatzansprüche wegen nicht oder schlecht ausgeführter Schönheitsreparaturen, wegen Beschädigungen des Mietobjekts sowie Ansprüche wegen des Ersatzes weiterer Schäden bleiben ausdrücklich vorbehalten.

Daneben fordere/fordern ich/wir Sie auf, die offenen Zahlungsrückstände bis zum ______________ auf das nachfolgend genannte Konto auszugleichen:

Kontoinhaber: ______________________________

IBAN: ______________________________

BIC: ______________________________

Institut: ______________________________

Für den Fall, dass Sie diese Fristen ungenutzt verstreichen lassen, werde/n ich/wir entsprechend Räumungs- und Zahlungsklage einreichen.

Mit freundlichen Grüßen

______________________________ ______________________________

Ort, Datum Unterschriften sämtlicher Vermieter

Name

Straße

PLZ, Ort

Telefon

Mobil

E-Mail

Datum, Ort

Kündigung wegen Zahlungsverzugs
für Mietobjekt: ______________________________

Sehr geehrte(r) ______________________________

hiermit kündige/n ich/wir den mit Ihnen geschlossenen Wohnraummietvertrag über das vorbezeichnete Mietobjekt wegen Zahlungsverzugs außerordentlich fristlos mit sofortiger Wirkung, hilfsweise ordentlich zum ______________, weiter hilfsweise ordentlich zum nächstmöglichen Termin.

Die Kündigungen gemäß §§ 543 Abs. 1, Abs. 2 Satz 1 Nr. 3, 549, 573 Abs. 1 Satz 1, Abs. 2 Nr. 1 BGB werden auf folgende Gründe gestützt:

Seit dem ____________ beträgt die monatlich zu zahlende Miete mit Betriebs- und Heizkostenvorschuss ________ Euro.

Es besteht **per** ______________ **ein Zahlungsrückstand in Höhe von** ________ **Euro**, der sich wie folgt berechnet:

Datum der Fälligkeit	**Höhe der fälligen Miete + BKV + HKV**	**Datum tatsächlicher Zahlungseingang**	**Höhe tatsächlicher Zahlungseingang**	**Differenz**	**Rückstand insgesamt**
				Gesamtrückstand Mietzahlungen	

Da Sie in einem sich über zwei aufeinander folgende Zahlungstermine erstreckenden Zeitraum mit der Entrichtung der Miete in Verzug sind, ist die Kündigung nach § 543 Abs. 2 Nr. 3 BGB begründet.

Wir fordern Sie daher auf, den Wohnraum bis zum ________________ zu räumen und in vertragsgemäßem Zustand nebst Schlüssel an mich/uns herauszugeben. Bitte vereinbaren Sie telefonisch mit mir/uns einen Übergabetermin unter der Telefonnummer ________________________ .

Die hilfsweise erklärte fristgemäße Kündigung wird ausdrücklich auch auf § 573 Abs. 2 Nr. 1 BGB gestützt. Insoweit weise/n ich/wir darauf hin, dass Sie der fristgemäßen Kündigung unter den Voraussetzungen des § 574 BGB widersprechen können. Der Widerspruch muss schriftlich bis spätestens zwei Monate vor Beendigung des Mietverhältnisses erfolgen und mir/uns innerhalb dieser Frist zugegangen sein.

Bereits jetzt wird ausdrücklich einer stillschweigenden Verlängerung des Mietverhältnisses gemäß § 545 BGB widersprochen. Das Mietverhältnis wird auch dann nicht verlängert, wenn der/die Mieter den Gebrauch der Mietsache nach Ablauf der Mietzeit fortsetzt/fortsetzen.

Bei einer verspäteten Rückgabe des Mietobjekts kann eine Nutzungsentschädigung zumindest in Höhe der bisherigen Miete zuzüglich der gesetzlich zulässigen Mieterhöhungen und Umlagenerhöhungen verlangt werden; falls die marktübliche Miete für das Mietobjekt höher als die bisher vereinbarte Miete ist, kann auch der Unterschiedsbetrag zwischen der vereinbarten und der Marktmiete gefordert werden.

Ferner weise/n ich/wir Sie ausdrücklich darauf hin, dass alle bei Vertragsabschluss überlassenen Schlüssel des Mietobjekts, einschließlich Zimmertürschlüssel sowie Haustür-, Briefkasten-, Keller- und Sicherungskastenschlüssel sowie etwaige erhaltene oder selbst gefertigte Ersatzschlüssel, zurückgegeben werden müssen. Das Mietobjekt ist vollständig von Einrichtungsgegenständen und Einbauten geräumt zurückzugeben. Soweit vertraglich geschuldet, sind Schönheitsreparaturen durchzuführen.

Schadensersatzansprüche wegen nicht oder schlecht ausgeführter Schönheitsreparaturen sowie wegen Beschädigungen der Mietsache sowie Ansprüche wegen des Ersatzes weiterer Schäden bleiben ausdrücklich vorbehalten.

Daneben fordere/fordern ich/wir Sie auf, die offenen Zahlungsrückstände bis zum ________________ auf das nachfolgend genannte Konto auszugleichen:

Kontoinhaber: ________________________________

IBAN: ________________________________

BIC: ________________________________

Institut: ________________________________

Für den Fall, dass Sie diese Fristen ungenutzt verstreichen lassen, werde/n ich/wir entsprechend Räumungs- und Zahlungsklage einreichen.

Mit freundlichen Grüßen

________________________ ________________________________

Ort, Datum Unterschriften sämtlicher Vermieter

Name

Straße

PLZ, Ort

Telefon

Mobil

E-Mail

Datum, Ort

Kündigungsbestätigung für Mietobjekt: ____________________

Sehr geehrte(r) ____________________

Ihre Kündigungsschreiben habe/n ich/wir am ____________ erhalten. Das Mietverhältnis wird am ____________ enden.

Gerne möchte/n ich/wir mit Ihnen einen Termin vereinbaren, bei welchem das Mietobjekt in Augenschein genommen werden soll. Weiter können wir etwaige vorzunehmende Rückbauten, Schönheitsreparaturen etc. besprechen. Dies gewährleistet eine reibungslose Übergabe des Mietobjekts.

Als Besichtigungstermin schlagen wir den ____________, ________ Uhr vor, alternativ den ____________, ________. Bitte bestätigen Sie einen der genannten Termine. Sollten Sie keinen der beiden Termine wahrnehmen können, rufen Sie bitte unter der Telefonnummer ____________________ an, um einen anderen Termin zu vereinbaren.

Als Übergabetermin des Mietobjekts schlage/n ich/wir den ____________, ________ Uhr vor, alternativ den ____________, ________. Bitte bestätigen Sie einen der genannten Termine. Sollten Sie keinen der beiden Termine wahrnehmen können, rufen Sie bitte unter der Telefonnummer ____________________ an, um einen anderen Termin zu vereinbaren.

Einer Fortsetzung des Gebrauchs des Mietobjekts gemäß § 545 S. 1 BGB wird widersprochen.

Bitte übergeben Sie das Mietobjekt rechtzeitig vor Ende des Mietverhältnisses und vertragsgemäß. Ich/Wir weise/n vorsorglich auf Folgendes hin: Falls Sie es verspätet übergeben, berechne/n ich/wir Ihnen mindestens ein Nutzungsentgelt in Höhe der monatlichen Miete sowie die Kosten für die nochmalige Abnahme, Abbestellung von Nachmietern etc. Die Geltendmachung des höheren Schadens wegen Mietausfall/Mietdifferenzen bleibt ausdrücklich vorbehalten. Sollten Sie das Mietobjekt nicht in dem vereinbarten Zustand zurückgeben, werde/n ich/wir Ihnen die Kosten berechnen, die für eine Herstellung des vertragsgemäßen Zustandes entstehen. Zurückgelassene Gegenstände werden auf Ihre Kosten entsorgt.

Herzlichen Dank im Voraus für Ihre Kooperation.

Mit freundlichen Grüßen

____

Datum, Unterschrift Vermieter

Mietaufhebungsvereinbarung

Zwischen ____

____

____

Name, Vorname, Anschrift (nachfolgend Vermieter genannt, auch wenn es sich um mehrere handelt)

und ____

____

____

Name, Vorname, Anschrift (nachfolgend Mieter genannt, auch wenn es sich um mehrere handelt)

wird bezüglich des Mietobjekts ____

____

____

(Straße Hausnummer, Postleitzahl Wohnort, Etage, links, rechts, Mitte, Wohnungsnummer)

die folgende Mietaufhebungsvereinbarung getroffen:

§ 1 Beendigung des Mietverhältnisses

Die Parteien sind sich darüber einig, dass das zwischen ihnen bestehende Mietverhältnis über das vorbezeichnete Mietobjekt und etwa damit weiter zusammenhängende, beziehungsweise vom Mieter angemietete Kellerräume, Stellplätze, Garagen usw. zum ____________ beendet wird.

§ 2 Räumung und Übergabe

1. Der Mieter verpflichtet sich, das Mietobjekt einschließlich der etwaigen weiteren Mietgegenstände bis zum Beendigungstermin vollständig zu räumen und an den Vermieter herauszugeben. Spätestens zu diesem Zeitpunkt hat die Übergabe sämtlicher Schlüssel zu erfolgen. Das sind:

   ______ Haustürschlüssel, ______ Wohnungsschlüssel, ______ Briefkastenschlüssel,

   ______ Kellerschlüssel sowie folgende weitere Schlüssel: ______________________________

   ____

   ____

2. Gerät der Mieter mit der (vollständigen) Rückgabe in Verzug, so hat er für jeden Tag eine Nutzungsentschädigung in Höhe von __________ Euro an den Vermieter zu entrichten. Es bleibt dem Vermieter unbenommen, darüber hinaus weiteren Schadenersatz geltend zu machen.

3. Die stillschweigende Fortsetzung des Mietverhältnisses durch Fortsetzung des Gebrauchs der Mietsache nach § 545 BGB wird ausdrücklich ausgeschlossen.

4. Beide Parteien verzichten bereits jetzt ausdrücklich auf eine über das Vertragsende hinausgehende Räumungsfrist.

§ 3 Zustand bei Rückgabe

☐ Die Rückgabe der Mietsache am ________________ erfolgt besenrein.

☐ Der Mieter wird vor Rückgabe folgende Arbeiten durchführen:

____

____

____

☐ Der Vermieter hat die Mieträume am ______________ eingehend und umfassend besichtigt. Auf etwaige Ansprüche wegen Veränderungen oder Verschlechterungen der Mietsache bis zu diesem Zeitpunkt verzichtet der Vermieter ausdrücklich.

☐ Der Vermieter übernimmt gegen eine Zahlung in Höhe von ________________ Euro die folgenden Einrichtungsgegenstände, welche vom Mieter in das Mietobjekt gebracht worden sind und dort verbleiben werden:

____

____

____

____.

§ 4 Nebenkosten

☐ Die Parteien verzichten auf etwaige Ansprüche aus Nebenkostenabrechnungen. Der Vermieter schuldet keine Nebenkostenabrechnungen mehr und keine Auszahlung von etwaigen Guthaben des Mieters aus solchen. Der Vermieter verzichtet auf etwaige Nachforderungen von Nebenkostenzahlungen, die sich aus zukünftigen Nebenkostenabrechnungen ergeben könnten.

☐ Der Vermieter verpflichtet sich, spätestens bis zum ________________ die offenen Nebenkostenvorauszahlungen ordnungsgemäß abzurechnen. Bis zu diesem Zeitpunkt behält der Vermieter einen Betrag in Höhe von ____________ Euro von der geleisteten Mietsicherheit ein.

§ 5 Mietsicherheit

Der Vermieter verpflichtet sich, die vom Mieter geleistete Mietsicherheit innerhalb von ____________ Monaten nach Rückgabe der Mietsache abzurechnen und (abzüglich etwaiger nach dieser Vereinbarung vereinbarten Einbehalte) an den/die Mieter auszuzahlen. Hierfür etwa erforderliche Erklärungen gegenüber Dritten sind innerhalb dieser Frist abzugeben. Dies gilt nicht, soweit in § 4 ein (teilweiser) Einbehalt ausdrücklich vereinbart wurde und/oder dem Vermieter noch offene Ansprüche, insbesondere Mieten, Nutzungsentschädigung und Schadensersatzansprüche aus der Zeit nach Abschluss dieser Vereinbarung zustehen.

§ 6 Entschädigung für den Verlust des Mietobjekts

Der Vermieter zahlt an den Mieter eine Entschädigung für den Verlust des Mietobjekts und die damit verbundenen Kosten des Mieters (Umzugskosten, Maklerkosten, neue Mietsicherheit, höhere Miete am neuen Standort) in Höhe von ____________ Euro.

☐ Der Betrag ist spätestens 14 Tage nach Übergabe der Mietsache und der Schlüssel auf das folgende Konto des Mieters zu leisten:

Kontoinhaber: ______________________________

IBAN: ______________________________

BIC: ______________________________

Kreditinstitut: ______________________________

☐ Der Betrag ist zahlbar in zwei Raten. Der Vermieter zahlt eine erste Rate in Höhe von __________ Euro bis zum ____________________ auf das Konto des Mieters.

Kontoinhaber: ______________________________

IBAN: ______________________________

BIC: ______________________________

Kreditinstitut: ______________________________

Die zweite Rate in Höhe von __________ Euro ist zahlbar binnen vierzehn Tagen nach der fristgerechten Übergabe des Mietobjekts auf das vorgenannte Konto.

Die Entschädigung wird nur unter der Voraussetzung der fristgerechten Übergabe der Mietsache gezahlt.

§ 7 Schriftform

Änderungen und Ergänzungen dieser Vereinbarung bedürfen der Schriftform. Mündliche Nebenabreden werden nicht getroffen.

§ 8 Sonstige Vereinbarungen

____

____

____

____

Ort, Datum	Unterschriften sämtlicher Mieter
Ort, Datum	Unterschriften sämtlicher Vermieter

Wohnungsübergabeprotokoll für den Auszug

Die Übergabe des Mietobjekts ______________________________

____

____

(Wohnungsnummer, Etage, Links/Mitte/Rechts, Straße, Hausnummer, PLZ, Ort)

erfolgt nach dem Auszug am ______________

Das Mietobjekt besteht aus ____ Zimmer/n, ____ Bad/WC, ☐ Küche, ☐ Flur, ☐ Kammer,

☐ Boden, ☐ Kellerraum/-abteil mit der Nummer ________ , ☐ Balkon, ☐ Terrasse, ☐ Garten,

und ______________________________

____

Für den/die Vermieter ist anwesend

☐ in der Funktion als Vermieter ______________________________

____

____

(Name, Vorname, Anschrift)

☐ als beauftragte Person/Hausverwaltung ______________________________

____

____

(Beauftrage Person/Hausverwaltung: Name, Vorname, Firma, Anschrift)

Für den/die Mieter ist/sind anwesend

☐ in der Funktion als Mieter ______________________________

____

____

(Name/n, Vorname/n, vorherige Anschrift und neue Anschrift der Mieter)

☐ als beauftragte Person ______________________________

____

(Name, Vorname, Anschrift)

Weitere anwesende Personen

☐ ______________________________

(Name, Vorname, Anschrift)

§ 1 Schlüssel

Es wurden folgende Schlüssel übergeben:

_____ Haustürschlüssel
_____ Briefkastenschlüssel
_____ Wohnungstürschlüssel
_____ Garagenschlüssel
_____ Kellerschlüssel
_____ Fahrradkellerschlüssel
_____ Universalschlüssel für _____

Es werden weiter folgende Zimmerschlüssel übergeben: _____

_____

_____

(Zimmer und Zahl der Schlüssel jeweils genau beschreiben)

§ 2 Übernahme/Übergabe der folgenden Ausstattung

Flur: ☐ Gegensprechanlage mit Türöffner ☐ Sonstige:

_____

Küche: ☐ Einbauküche bestehend aus:

☐ Kühlschrank ☐ Gefrierschrank ☐ Herd
☐ Spüle ☐ Ofen ☐ Mikrowelle
☐ Geschirrspüler ☐ Waschmaschine ☐ Sonstige:

_____

Badezimmer: ☐ Badewanne ☐ Duschkabine ☐ WC ☐ Entlüfter
☐ Waschmaschine ☐ Waschmaschinenanschluss ☐ Durchlauferhitzer
☐ Handtuchhalterung ☐ Toilettenpapierhalter ☐ Spiegel ☐ Sonstige:

_____

Gäste-WC: ☐ Durchlauferhitzer ☐ Duschkabine ☐ WC ☐ Sonstige:

_____

Garten/Terrasse: ☐ Geräteschuppen ☐ Rasenmäher ☐ Sonstige:

_____

In bzw. an folgenden Räumen befindet sich *(bitte Raumnummern aus der Tabelle in § 3 eintragen)*:

Parkett ______________ Laminat ______________ Fliesen ______________

Jalousien ______________ Deckenbeleuchtungen ______________

sonstige Einrichtungsgegenstände ______________

____

____

____

____

____

§ 3 Zustand des Mietobjekts

☐ **Das Mietobjekt wurde in vollständig renoviertem Zustand übergeben.**

Die letzte vollständige Renovierung erfolgte am: ______________

☐ **Das Mietobjekt wird unrenoviert übergeben.**

Bei der Übergabe des Mietobjekts am ______________ stellen beide Parteien gemeinsam

☐ keine Schäden/Mängel fest. ☐ die folgenden Schäden/Mängel fest:

		Besonderheiten, Mängel, Schönheitsreparatur	Übernimmt der Mieter	Bemerkungen
1	Flur		☐	
2	Küche		☐	
3	Bade-zimmer		☐	

		Besonderheiten, Mängel, Schönheitsreparatur	Übernimmt der Mieter	Bemerkungen
4	Gäste-WC		☐	
5	Boden, Keller		☐	
6	Balkon, Terrasse		☐	
7	Garten		☐	
8	Zimmer 1		☐	
9	Zimmer 2		☐	
10	Zimmer 3		☐	
11	Weitere Räume		☐	
12	Garage		☐	

Soweit vorstehend keine vom Mieter auszuführenden Mängelbeseitigungsarbeiten, Rückbauarbeiten oder Schönheitsreparaturen übernommen worden sind, erkennt der Vermieter die Rückgabe als vertragsgemäß an. Er behält sich jedoch Ansprüche wegen solcher Schäden vor, die bei einer Besichtigung nicht erkennbar waren.

Der Mieter verpflichtet sich, die von ihm übernommenen Arbeiten bis spätestens zum

______________________ auszuführen, beziehungsweise ausführen zu lassen.

---

§ 4 Zählerstände:

Strom	Zähler-Nr.: ____________	Zählerstand: ____________
Gas	Zähler-Nr.: ____________	Zählerstand: ____________
Warmwasser	Zähler-Nr.: ____________	Zählerstand: ____________
Kaltwasser	Zähler-Nr.: ____________	Zählerstand: ____________
Heizkostenverteiler Flur	Zähler-Nr.: ____________	Zählerstand: ____________
Heizkostenverteiler Küche	Zähler-Nr.: ____________	Zählerstand: ____________
Heizkostenverteiler Bad	Zähler-Nr.: ____________	Zählerstand: ____________
Heizkostenverteiler Gäste-WC	Zähler-Nr.: ____________	Zählerstand: ____________
Heizkostenverteiler Kammer	Zähler-Nr.: ____________	Zählerstand: ____________
Heizkostenverteiler Zimmer 1	Zähler-Nr.: ____________	Zählerstand: ____________
Heizkostenverteiler Zimmer 2	Zähler-Nr.: ____________	Zählerstand: ____________
Heizkostenverteiler Zimmer 3	Zähler-Nr.: ____________	Zählerstand: ____________
Heizkostenverteiler weiteres Zimmer	Zähler-Nr.: ____________	Zählerstand: ____________

---

§ 5 Neue Anschrift des Mieters

Der/Die Mieter ist/sind künftig unter folgender Anschrift ansässig: ____________________

____

____

____

§ 6 Sonstige Anmerkungen

____

____

____

____

____

____

Anlagen

☐ ____________ Fotos der Mietsache vom ____________________

☐ ____________ Video (Link: ______________________________)

Vermieter und Mieter bestätigen durch ihre Unterschrift/en die Richtigkeit des Übergabeprotokolls. Dies betrifft auch die Vollständigkeit der getroffenen Feststellungen. Die Bilddateien wurden am Tag der Übergabe gemeinschaftlich gefertigt und geben den tagesaktuellen Zustand wieder. Beide Parteien sind damit einverstanden, dass die Aufnahmen zu einem späteren Zeitpunkt zur Feststellung des Zustandes bei Übergabe des Mietobjekts verwendet werden dürfen. Beide Parteien verpflichten sich, sämtliche Dateien zu löschen, sobald feststeht, dass an der weiteren Speicherung kein Interesse mehr bestehen kann.

____

Ort, Datum

______________________________ ______________________________

Unterschrift Vermieter bzw. beauftragte Person Unterschrift Mieter bzw. beauftragte Person

____

Zeuge(n): (Name, Anschrift, Unterschrift)

____

Zeuge(n): (Name, Anschrift, Unterschrift)

Name

Straße

PLZ, Ort

Telefon

Mobil

E-Mail

Datum, Ort

Aufforderung zur Durchführung von Schönheitsreparaturen und Entfernung von Einbauten

für Mietobjekt: ____________________

Sehr geehrte(r) ____________________

am ____________ endete unser Vertrag. Sie haben dieses Mietobjekt am ____________ gemäß Wohnungsübergabeprotokoll vom ____________ ☐ in einem vollständig renovierten Zustand übernommen ☐ in unrenoviertem Zustand übernommen, jedoch habe/n ich/wir Ihnen einen Ausgleich gewährt, indem

____

Im Zuge der Besichtigung des Mietobjekts am ____________ habe/n ich/wir Folgendes festgestellt:

☐ Sie sind Ihrer Pflicht zur Durchführung von Schönheitsreparaturen nicht nachgekommen. Diese ergibt sich aus § ________ Ihres Mietvertrags. Es besteht aus folgenden Gründen Renovierungsbedarf:

☐ Vergilbung der Anstriche der ☐ Decken ☐ Wände ☐ Türen ☐ Türrahmen ☐ Fensterrahmen ☐ Heizkörper, welche auf eine Nikotineinwirkung schließen lassen könnte, in folgenden Räumen: ____________________

☐ Deutliche Schattenbildung an den Wänden, an Stellen, an denen womöglich Bilder hingen, in folgenden Räumen: ____________________

☐ Durch Sie vorgenommener Anstrich der Wände in einem nicht neutralen Farbton, in folgenden Räumen: ____________________

☐ Entfernung der von Ihnen angebrachten Einbauten und dadurch bedingte Farbunterschiede, in folgenden Räumen: ____________________

☐ Starke Verschmutzungen um die ☐ Lichtschalter ☐ Stromauslässe, in folgenden Räumen:

____

☐ Übermäßig starke Abnutzung des ____________________

____

Die Schönheitsreparaturen sind wie folgt vorzunehmen:

____

____

____

____

____

☐ Näheres können Sie dem in der **Anlage** beigefügten Kostenvoranschlag entnehmen.

Ich/Wir fordere/n Sie daher auf, Ihrer Pflicht zur Durchführung dieser Schönheitsreparaturen, bis zum

______________ nachzukommen.

☐ Sie haben die von Ihnen vorgenommenen Einbauten nicht entfernt: ______________

____

____

____

____

____

☐ Näheres können Sie dem in der **Anlage** beigefügten Kostenvoranschlag entnehmen.

Ich/Wir fordere/n Sie daher auf, Ihrer Pflicht zum Rückbau dieser Einbauten, bis zum ______________ nachzukommen.

Sollten Sie dieser Aufforderung nicht innerhalb der gesetzten Frist nachkommen, werde/n ich/wir einen Handwerksbetrieb beauftragen, die Arbeiten durchzuführen. Ich/Wir werde/n Sie dann auffordern, die entstanden Kosten zu ersetzen. Die voraussichtlichen Kosten belaufen sich auf ca. ______________ Euro. Diese ergeben sich aus einem Kostenvoranschlag des Handwerksbetriebs, der diesem Schreiben beigefügt ist.

Sollte es durch die verspätete Durchführung oder die Nichtdurchführung der genannten Arbeiten zu einer verspäteten Neuvermietung des Mietobjekts kommen, ist der hierdurch entstehende Schaden (Mietausfall) von Ihnen zu ersetzen.

Mit freundlichen Grüßen

____

Datum, Unterschriften sämtlicher Vermieter

Anlage: Kostenvoranschlag der Firma ______________________________ vom ______________

Name

Straße

PLZ, Ort

Telefon

Mobil

E-Mail

Datum, Ort

Forderung von Schadensersatz
Mietobjekt: ______________________________

Sehr geehrte(r) ______________________________

unser Mietverhältnis endete am ____________. Leider musste/n ich/wir nach Rückgabe des Mietobjekts an mich/uns durch Sie bei einer Besichtigung Schäden feststellen.

☐ **Es liegen die folgenden Schäden vor:**

- ☐ Flur: ______________________________
- ☐ Küche: ______________________________
- ☐ Badezimmer: ______________________________
- ☐ Gäste-WC: ______________________________
- ☐ Kammer ☐ Boden ☐ Keller: ______________________________
- ☐ Balkon ☐ Terrasse ☐ Garten: ______________________________
- ☐ Zimmer 1: ______________________________
- ☐ Zimmer 2: ______________________________
- ☐ Zimmer 3: ______________________________
- ☐ __________ : ______________________________
- ☐ __________ : ______________________________
- ☐ __________ : ______________________________

☐ **Folgende Schönheitsreparaturen wurden nicht beziehungsweise nicht fachgerecht durchgeführt:**

- ☐ Flur: ______________________________
- ☐ Küche: ______________________________
- ☐ Badezimmer: ______________________________
- ☐ Gäste-WC: ______________________________

☐ Kammer ☐ Boden ☐ Keller: ______________________________

☐ Balkon ☐ Terrasse ☐ Garten: ______________________________

☐ Zimmer 1: ______________________________

☐ Zimmer 2: ______________________________

☐ Zimmer 3: ______________________________

☐ __________ : ______________________________

☐ __________ : ______________________________

☐ __________ : ______________________________

☐ **Folgende Einbauten wurden** ☐ **nicht** ☐ **nicht vollständig** ☐ **nicht fachgerecht entfernt:**

____

____

____

Die genannten Schäden sind erst nach Vertragsabschluss entstanden.

Dies ergibt sich aus dem beigefügten Wohnungsübergabeprotokoll vom __________ , das bei der Übergabe des Mietobjekts an Sie angefertigt wurde.

Diese Schäden sind daher auf einen vertragswidrigen Gebrauch des Mietobjekts (vgl. § 538 BGB) beziehungsweise Ihr Verhalten zurückzuführen. Meiner/Unserer Aufforderung vom __________ , sie bis zum __________ zu beseitigen, sind Sie leider nicht nachgekommen. Daher habe/n ich/wir einen entsprechenden Handwerksbetrieb damit beauftragt, die durch Sie entstandenen Sachschäden zu beseitigen.

Daraus sind mir/uns Kosten in Höhe von insgesamt __________ Euro entstanden. Die Rechnung/en, aus denen sich diese Kosten ableiten, ist/sind diesem Schreiben in der Anlage beigefügt. Wie auch schon in meinem/unserem Aufforderungsschreiben vom __________ angekündigt, machen wir hiermit den mir/uns zustehenden Schadenersatzanspruch in Höhe von __________ Euro aus §§ 280, 281 BGB geltend.

Bitte überweisen Sie den Betrag bis zum __________ auf folgendes Bankkonto: __________

____

____

(Kontoinhaber, IBAN, BIC, Kreditinstitut)

Sollten Sie dieser Aufforderung nicht nachkommen, sehe/n ich/wir mich/uns gezwungen, eine entsprechende Klage einzureichen.

Mit freundlichen Grüßen

____

Datum, Unterschriften sämtlicher Vermieter

Anlage/n: Rechnungen, Wohnungsübergabeprotokoll

Name

Straße

PLZ, Ort

Telefon

Mobil

E-Mail

Datum, Ort

Kautionsabrechnung
für Mietobjekt: ______________________________

Sehr geehrte(r) ______________________________

Sie haben am ______________ das Mietobjekt in der ______________________________

an ______________________________ übergeben.
Hiermit rechne/n ich/wir die Kaution mit Ihnen ab.

Ihr Guthaben

Einzahlung am ______________ : ____________ Euro

Einzahlung am ______________ : ____________ Euro

Einzahlung am ______________ : ____________ Euro

Zinsen/Erträge bis ______________ : ____________ Euro

Guthaben insgesamt ____________ **Euro**

Offene Ansprüche von mir/uns

Ausstehende Mietzahlungen: ____________ Euro

Ausstehende Vorauszahlungen für die Nebenkosten: ____________ Euro

Nachzahlung für die Nebenkosten: ____________ Euro

Auslagen: ____________ Euro

Mängel/Schäden, die nach Rückgabe beseitigt werden mussten (siehe beigefügte Rechnungen)

______________________________	________ Euro
______________________________	________ Euro
______________________________	________ Euro
______________________________	________ Euro
______________________________	________ Euro
______________________________	________ Euro
Ansprüche insgesamt	________ **Euro**

☐ Die Ansprüche gegen Sie in Höhe von ________ Euro verrechne/n ich/wir mit Ihrem Guthaben in Höhe von ________ Euro. Vorsorglich werde/n ich/wir ________ Euro einbehalten, bis die letzte Nebenkostenabrechnung erfolgt ist. Dieser Einbehalt hat ausschließlich den Zweck, etwaige Ansprüche aus den ausstehenden Nebenkostenabrechnungen zu decken. Die (vorläufige) Auszahlung an Sie beträgt somit ________ Euro. Bitte teilen Sie eine Bankverbindung mit, auf die das Guthaben erstattet werden kann.

☐ Die Ansprüche gegen Sie in Höhe von ________ Euro verrechne/n ich/wir mit Ihrem Guthaben in Höhe von ________ Euro. Vorsorglich werde/n ich/wir ________ Euro einbehalten, bis die letzte Nebenkostenabrechnung erfolgt ist. Dieser Einbehalt hat ausschließlich den Zweck, etwaige Ansprüche aus den ausstehenden Nebenkostenabrechnungen zu decken. Der von Ihnen an mich/uns zu leistende Betrag beläuft sich somit auf ________ Euro. Diesen Betrag bitten wir bis zum ____________ auf folgendes Konto zu überweisen:

Kontoinhaber: ______________________________

IBAN: ______________________________

BIC: ______________________________

Institut: ______________________________

☐ Wegen der vorbezeichneten Ansprüche haben wir gegenüber Ihrem Kreditinstitut von unserem Vermieterpfandrecht Gebrauch gemacht. Vorsorglich werde/n ich/wir ________ Euro einbehalten, bis die letzte Nebenkostenabrechnung erfolgt ist. Dieser Einbehalt hat ausschließlich den Zweck, etwaige Ansprüche aus den ausstehenden Nebenkostenabrechnungen zu decken. Wegen des verbleibenden Differenzbetrages in Höhe von ________ Euro verzichte/n ich/wir auf die Rechte aus der Verpfändungsvereinbarung und geben diese insoweit frei. Ihr Kreditinstitut wurde entsprechend informiert.

Mit freundlichen Grüßen

______________________ ______________________________

Ort, Datum Unterschrift Vermieter